タカラヅカが好きすぎて。

細 川 貂 々

幻冬舎文庫

タカラヅカが好きすぎて。

すみれの国からこんにちは 7

その1 「出会ってしまった」 8
その2 ヅカファン編集者さん 12
その3 「恋の病？」 16
その4 また会いたい 20
その5 ときめきサプリ 24
その6 身近な所にも 28

その7 舞いおりた悲劇 32
その8 行ってらっしゃい 36
その9 すみれの国の扉 40
その10 エンジェル 44
その11 まさか30すぎで… 48
その12 ふりだしに戻ってみる 52
その13 愛のために 56
その14 私ってバカ？ 60
その15 またひとつ強く…… 64
その16 燃えつきる覚悟で 68
その17 夢の宝塚 72
その18 来ちゃった 76

contents

その19 ついに来た!! 80

その20 燃えつきるまで 84

その21 スリルな日々 88

その22 期限つきの恋 92

その23 全国ツアー（前編） 96

その24 全国ツアー（後編） 100

その25 ディナーショー 104

その26 サヨナラ公演の準備 108

その27 別れの順番 112

その28 悲劇のヒロイン 116

その29 乙女の気持ち 120

その30 次の国へ 124

contents

オマケマンガ わたしと宝塚歌劇 126

その1 出会い 128

その2 成長 140

わたしたちヅカファンの日常 148

番外編 ツレと宝塚歌劇 160

あとがき 167

文庫版あとがき 170

すみれの国からこんにちは

その1
「出会ってしまった」
私には
ニガテなことが
いっぱいあります
人が集まる所
ニガテ
キンチョー
するから
暗いのニガテ
コワイから
大きな音がするの
ニガテ
ビックリ
するから
長時間座ってるのも
ニガテ
おシリ痛いし
トイレ近い
だから
私には
行けない
所が
たくさん
あります
映画館
劇場
夏の浜辺
花火大会
バーゲンセール
初もうで
土日の行楽場所
……

でも べつに
そんな所 行かなくたって
楽しく生きて いけるから いいんです
私 テレビが好きだし
アハハハ
絵を描く ことが 好きだし
仕事は イラストレーター
本が好きだし
ネットで買い物 も できるし
私 おウチに いるのが
大好き 人間!!

でした…
この日がくるまでは
私たちはもう出会ってしまったんだ

2階の一番うしろの席
オペラグラスなしで見たら
このくらいの大きさ
出会って…しまったんですか?
私たち…
これは、運命?!
この日から私の人生は
大きく変わるのです。

その2
ヅカファン
編集者さん
そもそものはじまりは
あれ？タカラヅカお好きなんですか？
このひとことでした
ええ 私
さっ
タカラヅカ大好きなんです
仕事の書類を入れてたファイル
テレビばかり見ているワタシは宝塚歌劇の舞台放送も見ていましたので
そのファイルの写真の人の名前を知ってました
その人は
春野寿美礼さんですよね？

ぎゅう
ハナノさんもタカラヅカお好きなんですか?!
いえいえテレビでちょっと見たくらいです
でも一度観てみたいなーと思ってるんです
ビビビ
ぜひ行きましょう!!
今度お連れします!!

よろしく
お願いします
その時は
仕事上の世間話的な
ノリのつもりでした
チケットおとりしました！
○月×日　東京宝塚劇場
の前で待ち合わせ
しましょう！ (^_^)/
いやー
いつのまにか
こんなことに…
どうしよう
どうしよう
劇場ニガテ
長時間座ってるの
ヤダ
トイレ大丈夫かな
キンチョーしてセキが
出たらどーしよう
あー
あ
はっ
切りかえるのよ
ミチル!!
これがご縁でまた
お仕事がもらえる
かも知れない
し!!
きりっ

ドキ ドキ
疲れないように動きやすい服装にしてきた
だぶっとした服
ドキ ドキ
トイレが近くならないように水分はひかえた
のどアメももってきた
ドキ ドキ
はー
ああでもなれない所に来てる時点でもうキンチョー
ドキ ドキ ドキ
おまたせしました
開演10分前に余裕の笑顔で来る編集者さん
よろしくお願いします!!
すでに汗ダクのワタシ
席は2階の一番うしろ一番はしっこ
うしろの席でごめんなさい
ひゃー広い劇場!!
そしておしばいがはじまって
私たちはもう出会ってしまったんだ
編集者さんがかしてくれたオペラグラス
トップさんが私の不安すべてを吹きとばしてくれたのです

その3
恋の病?
運命の観劇から帰ってきた私は
地に足がついていませんでした
フワ
フワ
ごはん
テレビ
おフロ
はっ
こんなことじゃだめよミチルっ
いつもの生活に戻るのよ!!

ハミガキ
読書
就寝
私たちはもう
出会ってしまったんだ
ピピピピピ
はっ
むくっ

ゆ…
夢でも会えちゃった
シアワセ…
よし
すくっ
今日も一日がんばろう
あっ
いたっ
ふらっ
頭がいたい
うーん
目がいたい
肩もいたい
うごけん
何かを長時間じっと見るようなことはしませんでしたか?
ずっと同じ姿勢をしてたとか

約二時間半
ずっとこうして観てた
ああ、じゃ原因はそれですね
はぁ
時々休みながら観ればよかったのに
えっ
先生
それはできなかったんです
あの2時間半は私にとって
今まで感じたことのないシアワセな時間だったのです

その4
また会いたい
はあー
はあー
運命の出会いから丸一日
私の頭の中は
いつも同じことを考えて
いました
どうしたら
あの人に
会えるん
だろ…
んーー
はっ
そうだ
ネットで
探してみよう!!
なんで
目の前の
宝箱に
気づかな
かったん
だろ…
宝塚
宝塚
検さくっ
カチャ
カチャ
カチャ

うーん
あっ
中古 DVD ビデオ
などの販売を
DVD!!
そーだよ
DVDを買えば…
いつでも会える♡
カチ
買っちゃった
翌日届いた
はやっ

ドキドキドキ
また会える
ドキドキ
また会える
ぱかっ
ダメッ
今すぐ見ちゃうと何もできなくなる!!
さっ
仕事して
家事して
ごはんたべて
おフロ入って
一日の終わりに見るっ
仕事
仕事
じーー
ダメダメ
仕事っ
じーー
ああ何してるのミチル!!
ゆうわくにまどわされてはダメ!!

レースのハンカチで
DVDをくるんで
おフロの浴そうにいれて
もちろん空っぽよ
フタをする
ごめんなさいこんなことして
でもこうでもしないと私負けちゃいそうなんです!!
仕事仕事
カァカァカァ
やった今日のお仕事終了!!
すくっ
あ〜あ〜おフロの底で〜私を〜待ってる〜人がい〜る〜
「いい日旅立ち」の曲で
ダッ
やっぱり夜まで待てなくて見ちゃいました
夜ごはんはカップめんでした

その5
ときめきサプリ
DVDは毎日
一日の終わりに
ちゃんと見てます
あー今日も
ステキ
だったー
ねる前に
見ると
なんかもー
今日のつかれが
吹きとぶわー
ふー
すごく
シアワセな
気持ち
そのまま
フトンに
入れば
快眠
おやすみ
♪私にとってこの
DVDは
よくきく
サプリメントよ〜♪
じゃーん
ミュージカル風に
DVD

それを1週間続けたら
ああ…
私…
このシーンがとっても好き
きゅん
あなたに会うためにここまで来た
ミュージカル風に
ここが～ワタシの～マイツボシ～ン ♪
自分のツボがみつかりました
マイツボシーンの楽しみ方
仕事がない!!
イライラしたり悲しくなった時
仕事ことわられた…
見る
たちなおる
ヨシ!!
仕事の休けい時間に
見る
やる気が出る
ヨシ!!

自分が一番大好きなシーンなだけに
マイツボシーン
即効性にすぐれていて大変ききめがあります
そしてもうひとつの楽しみ方は
ああ、もうすぐ…
ドキンドキン
もうすぐあのシーンが…
ドキドキドキドキ
あなたに会うために
キター
シアワセ……
パタッ
ツボのシーンになるまで乙女のドキドキを味わいます

でも、そんな毎日にも
終わりがきました
フゥ
私……
自分がこんな
欲深い女
だったなんて
知らなかった
わ…
もっと他の
DVDも
見たいよー
でもなー
あれも
これもほしい
キリがない
よなー
だって
あの人が出てる
DVD全部
欲しいんだもん
ムリムリ
はっ
タカラヅカ
専門チャンネル
タカラヅカ・
スカイ・ステージ
もしかして…
いっ一日中
タカラヅカが
見られるの…？
ドキ
ドキ
ドキ
ドキ
次の瞬間、私は
申し込みの態勢に
入るのでした

その6
身近な所にも
タカラヅカ専門チャンネル
タカラヅカ・スカイ・ステージ
を申し込んでみたけれど
えっ専用
のチューナーが
いるの?
えっアンテナ
とりつけるの?
なんだか
わかんないー
お手あげー
グリコのポーズ
というわけで理系の
お友達に頼むことにしました
私に
まかせな
さい
カナホちゃん
よろしくね
えーと まず
これをつないで
テキ
次は
アンテナを
パキ
オロオロ
あのっ
私は何
したらいい?
よいしょっ
今のところ
大丈夫だよ

えっでもそれ
とりつけるの
ひとりじゃ大変
じゃない？
えー
全然
平気
カチャ
カチャカチャ
カチャ
カナホ
ちゃん
カッコいい
そういえば
カナホちゃん
て…
背が高い
足が長い
声が低い
学生時代から
女子にモテモテ
はっ
カナホちゃん
タカラジェンヌ
さんみたいだねぇ
わぁー!!
がくっ

はあ?
へんなこと言ってジャマしないでよっ
ああ 残念
タカラジェンヌさんはそんな顔しない
じゃアンテナつけたからうつるか確認して
へーい
ザー
えっ なんで? どーして?
うつってないねぇ
アンテナの向きちょっとずつ動かすから確認して
へーい
ザー
どう?
ダメ
ザー
これは?
ダメ

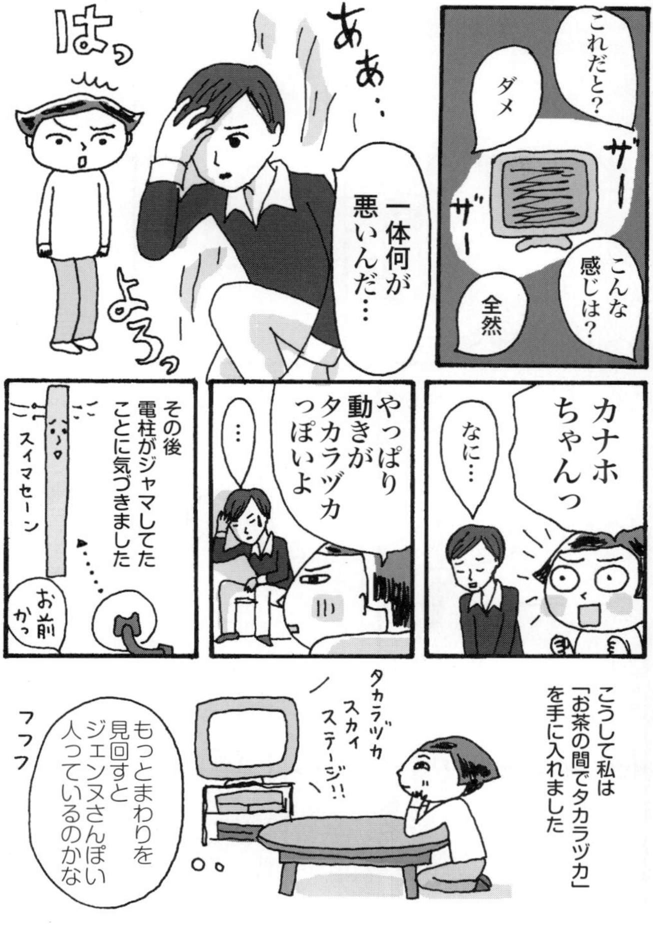
これだと？
ダメ
ザー
ザー
こんな感じは？
全然
ああ…
一体何が悪いんだ…
よろっ
はっ
カナホちゃんっ
なに…
やっぱり動きがタカラヅカっぽいよ
…
その後電柱がジャマしてたことに気づきました
スイマセーン
お前かっ
こうして私は「お茶の間でタカラヅカ」を手に入れました
タカラヅカスカイステージ!!
もっとまわりを見回すとジェンヌさんぽい人っているのかな
フフフ

その7
舞いおりた悲劇
突然ですが
自分の好きな世界が
日常にあるってシアワセ
ですね
うっとり
スイッチ
入れたら
そこは
夢の世界…
だからって
まさか一日中
タカラヅカ見てる
わけじゃない
よね？
ぎくぅ
!!
そんなわけ
ないでしょ!!
見てる→
アヤしい
今日はこの間
アンテナを
とりつけて
くれたお礼を
しようと思って
呼んだの
別にお礼
なんか
いーのに

だって
カナホちゃんが
私にこの
スペシャルな
ハッピーを
与えて
くれたのよ♡
さっ
どんどん
食べて!!
全部
デパ地下の
おそうざい
じゃない!
皿にうつすくらい
しなさいよ
パックの
まま
私デパ地下
だーいすき
おいしいし
外食する
より安いし
いただきます
ふだん
ちゃんと料理
してるの?
うん
ごはん炊いて
みそ汁作る
くらいは
やってる
よー
おいしー
それは料理といえる
のかしら?
さっきから
気になって
るんだけど
タカラ
ヅカ
ニュースの時間です
あの画面に
うつってる人は
何の人?

タカラジェンヌさんだよ
えっ
あの化粧してないとフツーの女性
あ、この男役さんカナホちゃんぽいっ
たしかに似てるかも……
カナホちゃんも若い時受験してたらタカラヅカに入れたんじゃない?
フッ
ムリ
おどれないし歌えないから
カナホちゃんジェンヌさんじゃないのにジェンヌっぽいってとこがスゴイよね
何がスゴイのかよくわかんない
♪チャラララ
ラーラ
星組トップスター退団のおしらせ
あっ!!
ミチル?
ミっちゃんどーしたの?
たい
だん
えっ

バタン
ちょっと
ミっちゃんの好きな人が退団なの？
バラ色だった私の生活に舞いおりてきたしょうげきの言葉
退団
そんなこと気づきもしなかった思いもしなかった
退団
むくっ
私のあの人もいつか退団する日がくるの？
えっ
ミっちゃんの好きな人じゃないのね？
カナホちゃんどーしよー
うえー
てゆーか自分の好きな人が退団するんじゃないなら泣くことないんじゃない？

その8
行ってらっしゃい
タカラヅカに入った生徒さんは＊ほぼ退団する
＊まれに定年まで残る生徒さんもいる
でもトップスターになった生徒さんは必ず退団が待っている
アデュー
トップスターに就任してから退団までの目安があるらしくて
だいたい2年〜5年くらいみたい
で、ミっちゃんの好きな人は今何年なの？
!!
4年……

それってもう
いつ退団しても
おかしくないって
こと?
わあぁぁ
言わないで
私を現実に
引き戻さ
ないでっ
見て…もう
退団するかもと
思ったとたん涙が…
神様は
いじわる
やっと運命の出会い
ができたというのに
うわーん
簡単に
2人を
ひきはなす
んだわぁー

あのさあ
ミっちゃん
なに
そんなに
好きならさあ
うん
後悔のないよう
つき進めば？
へ？
もういつか
終わることが
わかってるん
だからさ
とことん
のめりこん
じゃえば？
今まで
ミっちゃんて
恋愛がらみの
話ってなかった
でしょ
ミっちゃんが
運命の人と
出会ってどう
変わっていくのか
見てみたいなー
運命の人
ミチル
私、
見届けてあげる

ミっちゃんがすみれの国に行って戻ってくるのを
カナホちゃんっ
ぱっ
私はそっちの住人じゃないからキラキラにはつきあえんよ
イヤイヤ
こうして私はあらたなすみれの国の扉を開くのでした

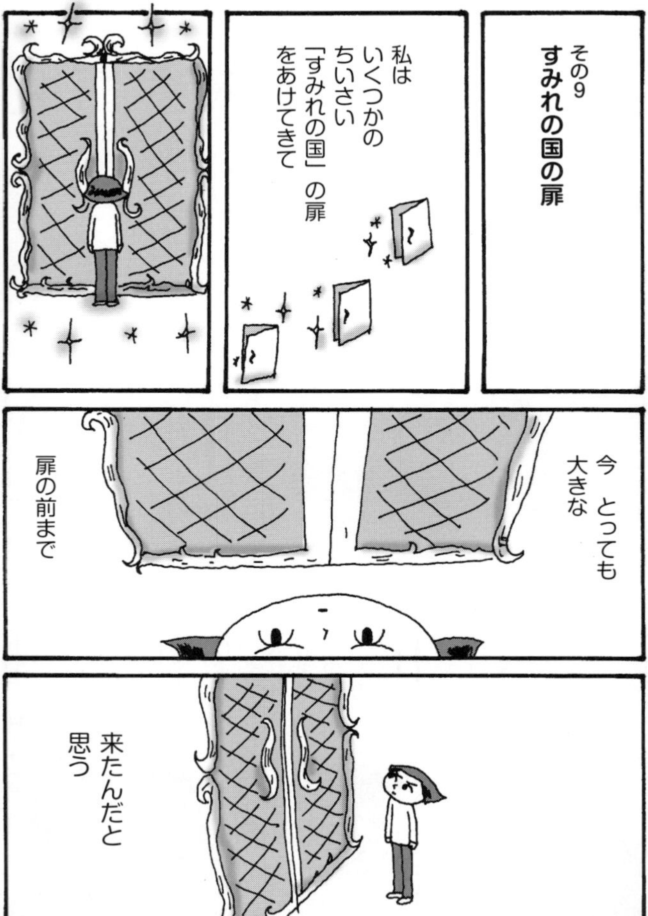
その9
すみれの国の扉
私は
いくつかの
ちいさい
「すみれの国」の扉
をあけてきて
今 とっても
大きな
扉の前まで
来たんだと
思う

さて
この扉

どうやったら
あけられるの
かな？

そりゃー生の舞台を観たいんだったら
チケットが必要でしょ
チケット!!
そうか!!チケットが扉のカギになるのね!!
愛のカギ

宝塚歌劇のチケット購入方法
①劇場のチケット売り場で買う
②プレイガイドで買う
③「友の会」に入会して申し込んで買う
(ただし抽選)
ふーん
他にウェブで買う方法もあるのね
なんかよくわかんないから
最初につれてってもらった編集者さんに聞いてみよ!!
えーごぶさたしてます
こんにちは
カチャカチャ
カチャカチャ
すぐに返事が来た
え？もう!?

返事
えーーー!!!
ハナノさん
タカラヅカに
ハマったんですか？
おー
びっくり
してる
それじゃ
今やってる公演
一緒に観劇に
行きましょうよ
私チケットとります
えっ
何回くらい
観たいですか？
ええ!!
何回も……
観られちゃうの？
いやいや
とりあえず
1回観られれば……
なるほど
一番の近道は
ヅカ友を作ること
なのかな？
なんか急に
重い扉が
軽くなった
気がするぞ

その10
エンジェル
私のはじめての
ヅカ友さんは
お仕事先の
編集者さんでした
ヅカ友 キタさん
チケット
とれましたよ♡
↑メール
えっ
その時私には
ヅカ友キタさんが
天使に見えました
私に愛を
運んでくれる
また
あの人に
会える♡

舞台
オーケストラ　ボックス
銀橋
近すぎる!!
前から7列目の
席がとれるなんて
ラッキーですよ!!

前回とちがって
トップさんが
とても近くに
見えますよ!!
ひゃー
ドキドキドキ
どどどうしよう
キンチョーして
汗が止まらない
ダラダラダラダラ
みなさま
本日は
ようこそ
ドキッ
はじまっちゃった――!!
ぱっ
ひゃー
ひゃー
ドキドキドキドキドキドキ

ぴかー
だーー
はじめて
あの人を近くで見た時
汗と涙が止まりませんでした
でも よろこびの汗が
この後 悲劇を招く
のです…

その11
まさか30すぎで…
おしばいがはじまって30分たっても
ドキ ドキ ドキ
1時間たっても
ドキ ドキ
私の緊張はおさまらず汗をかきつづけました
ダラ ダラ
なんかさむい…
ひゃ〜
ぶるっ
汗をかいた私に空調の涼しい風が吹きつけてきました
ひゃ〜
ひゃ〜
どうしようトイレ行きたい!!
さむいさむい
ひざにおいたコートの下で手をあたためている
トイレ行きたい
トイレトイレ
さむいさむい

8人
8人
でも今私のいる場所はこんな状態
しかもこんな状態
うっとり
スイマセン
スイマセン
と、出ていって
スイマセン
スイマセン
と、帰ってくるなんて
できないっ

大人だもん
ガマンできる
もう31だもん
大丈夫
ちなみにあと
何分くらい
だろ
ちら
今12時5分
終演は
12時40分くらい
だったから…
あと30分
以上も
あるのかっ!!
ガン
とにかく…
30分たえよう!!
せっかくせっかく
アコガレの場所に
来られた!!
あの人の近くに
私はいる!!

愛の力は
私の膀胱も
強くするのよ!!
きりっ
と、イキごんでみたが
生理的欲求にはさからえない
あぁ
もうだめ…
という時に
しばいが終わる
パチ
パチ
パチ
パチ
もらさないように
いそいでトイレに
行く
内また
こばしり
あ
あっ
ずら〜
31歳で
おしっこダンス
をしながら
行列に並ぶ私…
もれちゃう
もれちゃう
タン
タン
タン
タン
愛の力は
尿道の動きを
止められません
でした

その12
ふりだしに戻ってみる
30すぎておしっこダンス
フー
さすがにアレはキツかったわ……
それってさーそこまでするほど好きってこと？
カナホちゃん髪型かえた
いやもう二度としたくないっ
しんけん
でもあたしとってもトイレ近いの
どうしたらいいのかな……
私が知ってるミっちゃんてさー

人が集まる所
ニガテ
暗いの
ニガテ
大きな音がするの
ニガテ
長時間座ってるの
ニガテ……
とにかくニガテがたくさんあってさあ
めんどくさい女だなって思ってたわけ
ガーン
そーだったの？
そういう人が宝塚歌劇観に行くっていうからそりゃびっくりしたわけよ
私だってそんなことするとは思ってなかった
ウン ウン
でもさー
自分のニガテなことより優先させるほど好きになっちゃったんでしょ？
うん

じゃあ一回
ふりだしに
戻りなさいよ
えっ
好きな人を
思いきり
好きでいるために
ニガテを克服
しなさいよ
好きな人を
思いきり
好きでいるために
ニガテを
克服する……
また観劇に
行って
おしっこの
ことばかり
考えるの
やでしょ？
うん
うん
うん

自分のニガテなことを
よーくみつけて
どうしたら「好き」に
集中できるかを
よく考えるの

なるほど
わかった やってみる!!
でも自分じゃ どう克服したら いいか わかんないから 協力してね
オッケー
お願いします!!

その13
愛のために
カナホちゃんは目が悪い
いろいろ調べてみました!!
まずトイレが近いということ
「トイレに行けないかも」という緊張が膀胱の神経に伝わっておしっこしたくなることもあるんだって
たしかに私観劇だけに限らず試験の時とかドライブの時とか
トイレ行けないかもって思うと行きたくなってたかも……
解決法は緊張しないこと
対策法として
緊張しそうになったら深呼吸する
深く呼吸することでリラックスする
すーはー
すーはー
カナホちゃんは勉強好き

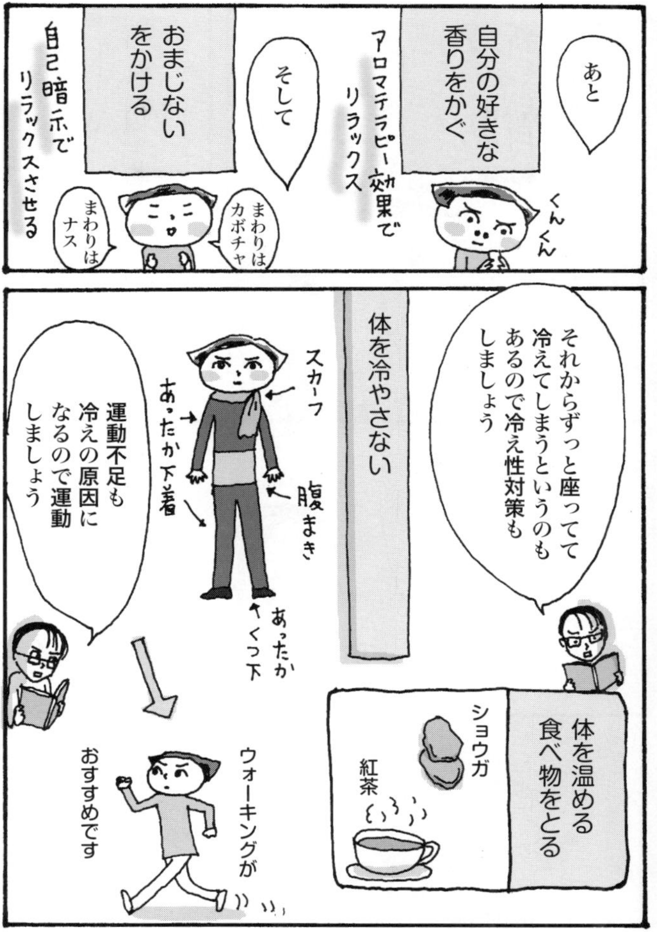
あと
自分の好きな香りをかぐ
くんくん
アロマテラピー効果でリラックス
そして
まわりはカボチャ
おまじないをかける
まわりはナス
自己暗示でリラックスさせる
それからずっと座ってて冷えてしまうというのもあるので冷え性対策もしましょう
体を冷やさない
スカーフ
腹まき
あったか下着
あったかくつ下
体を温める食べ物をとる
ショウガ
紅茶
運動不足も冷えの原因になるので運動しましょう
ウォーキングがおすすめです

ようするに
これって
体質改善
しなさいって
ことよねぇ
そうね
愛のために
新しい自分に
生まれ変わるのよ
私!!
まあ 私から
けしかけといて
アレ なんだけど…
なんで
そこまで
真剣に
なれるわけ?
え……

こーゆー言い方はよくないかもしれないけど
相手はもー絶対に絶対にどーしたって手の届かない人だよ？
くーくー
いやそんな人のために自分の生活まで変えられるのはスゴイなあと思ってさ
悪くとらないでね
宝塚歌劇って何がそんなにスゴイの？
宝塚歌劇って 何が そんなに スゴイの？

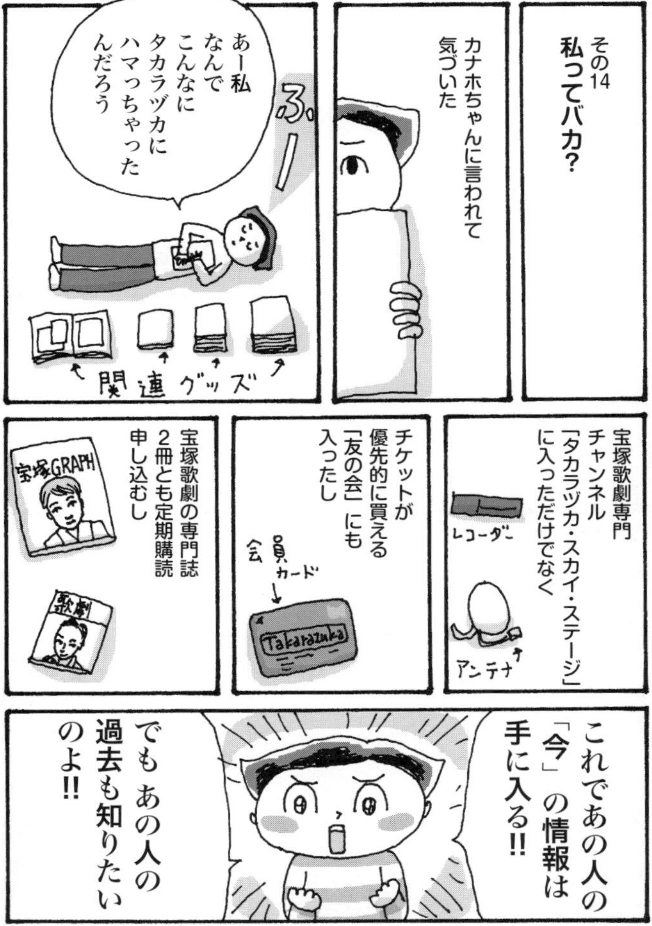

その14
私ってバカ?
カナホちゃんに言われて気づいた
ふー
あー私なんでこんなにタカラヅカにハマっちゃったんだろう
関連グッズ
宝塚歌劇専門チャンネル「タカラヅカ・スカイ・ステージ」に入っただけでなく
レコーダー
アンテナ
チケットが優先的に買える「友の会」にも入ったし
会員カード
Takarazuka
宝塚歌劇の専門誌2冊とも定期購読申し込むし
宝塚GRAPH
歌劇
これであの人の「今」の情報は手に入る!!
でもあの人の過去も知りたいのよ!!

と、いうわけで ネットオークションで 過去の雑誌を まとめ買い
あの人の過去が ココに!!
バックナンバー 20冊セット
歌劇
グラフ
さらに…
えっ あの人の 切りぬき記事 100枚 セット!?
切りぬき 100枚
これ 私のために 用意された 物じゃない!?
もちろん 買います!!
2万円!!
カチ
なんて感じで 気づいたら どんどん お金も使ってるし
今まで趣味が なかったからけっこう 貯金はあったのよね

はっ
そうだ私
結婚するの
めんどくさいから
老後のために
貯金してたん
だった
私って
バカ?
でもっ
まだ知らない
未来より
今のシアワセ
が大事!!
ぎゅう
そういえばこの間街で…
あっ
一般人
ドキーン
あの人
ジェンヌ
さん
っぽい!!
ドキドキドキドキドキドキ
すっ
うわー
ジェンヌさん
っぽい人と
すれちがっ
ちゃったー
ときめきMAX
なんてことも
あったなあ

私ってバカ?
好きになった人が春野寿美礼さんという名前なので
春野菜のパスタ 1200円
こういうのにも
ドキッ
ひゃあああああ
くぎづけ
春野菜のパスタ 1200円
ときめいてしまう私
やっぱり私ってバカ?
とにかく!!
むくっ
またあの人に会えるようにガンガン働かなくちゃ!!
今は宝塚歌劇が私の原動力になってることは確かです

その15
またひとつ強く……
今、私が一番悩んでいることはコレです
次にあの人に会えるのはいつかしら？
ネットでしらべよう
次の公演は梅田芸術劇場です
う……うめだ？
梅田ってどこ？
大阪!?
タカラヅカって宝塚大劇場だけでやるわけじゃないんだー!?
そうなんですよけっこういろんな場所でやってるんです
先輩ヅカファンの編集者さん
東京（通年公演）
名古屋（年2回）
大阪（年数回）
宝塚（通年公演）
博多（年1回）
他にツアーで全国各地をまわったり海外公演もあります

大阪……遠い
行ったことない
想像つかない
お金もかかりそう
ムリだ
でもその次
東京に来るのを
待っていたら半年後
半年なんて
待てない!!
どうする
ミチル!!
どうする
の――?!
日帰り
できますよ
大阪
相談してみた
え
交通
ぷらっとこだま
1万円×2＝2万円
約3時間半×2＝7時間
観劇代
S席　8500円
3時間×1＝3時間
なので10時間
あればOKな
わけです
お金は
だいたい
3万円
なるほど――

あと私はもう年なのでムリですが深夜バスを使うという手もあります
若い娘は、やってます
バスで大阪に行けるのか
でも…
ひとり旅したことないし
ひとりで新幹線乗ったことないし
乗りもの酔いするし
どーしよう
どーしよう
はっ
ガーン
LOVE
ボヤボヤしてると退団しちゃうよ
ごおおおおお
自分から会いに行くしかない!!

先輩ヅカファンさんにチケットとってもらって
初ロンリー新幹線&観劇
うー
うー
ぎゅう
新幹線のチケットなくさないようにしなくちゃー
ガチ
ガチ
乗ってる間ずーーっときんちょう
新大阪
駅に到着後感動して泣く
ホントに来ちゃったよ…
ひとりで……
私
大阪に
ひとりで
来られたから
これからの人生
何があっても
平気な気がする
ひとしきり自分のガンバリに酔いしれた後
あの人の生の姿をしっかり焼きつけて
ガー
ガー
帰りの新幹線はバクスイしたのでした

その16
燃えつきる覚悟で
大阪に観劇に行った時
隣に座ったおばさんに
話しかけられました
え!? あんた
東京から
日帰りで
来はったん?
はい!!
朝6時の
こだまで!!
もう
今すぐにでも
トップさんに
会いたくて
ここまで
来ちゃいました♡
あんた
ハマリすぎたら
アカンよ
えっ
私は
タカラヅカに
ハマって身を
持ちくずしたコ
いっぱい
知ってる
みんな
もうそのコら
破産して
大変やったわ
パァや

何事も ほどほどが 一番やで
うん うん
大阪の おばちゃんからの アドバイスや
ほどほどかぁ
そーよね
ヅカ関連 グッズ
ヅカ関連の 本
ほどほどに しなくちゃ
ほどほどに
ぱっ
タカラヅカ 専門チャンネル
ほどほどに
ぱっ
宝塚歌劇 ホームページ
って 今さら ムリー—!!

ほどほどにしちゃったら
この抑えきれない熱い思いを
どこにぶつけりゃいいのよー!!
つっぱしれ私!!
こうなったら完全燃焼するまで走り続けるしかないのよ
ごめんなさい!!
アドバイスくれた親切な人っ
で今度はどこまで行くの?
お友達のカナホちゃん
宝塚に行く
もう何回も行ってるじゃない
ちがうの

宝塚歌劇団の本拠地
兵庫県宝塚市にある
大劇場に行くってことよ!!
ほー
ついに
本拠地へ
うん
よかったら
一緒に
行かない？
行かない
だよね
いいの!!
私ロンリー
ヅカファンを
つらぬくわっ
がんばれー
またひとつ
すみれの階段を
のぼるミチルでした
私
逆に闘志に
火をつけて
しまったかな

その17
夢の宝塚
しつもん
兵庫県宝塚市にある宝塚大劇場に観劇に行くためにはどうすればいいですか?
こたえ
一番確実なのは旅行会社主催の観劇ツアーに申し込むことです
なるほど これなら チケットと
宿泊する ホテルと 朝食が つくのか
宝塚グラフ
しかも座席がえらべる!!
1階SS席 1〜3列目プラン
1階S席 7列目以内プラン
1階S席 8〜10列目 センタープラン
SS席…
いや今回 旅費も かかるし
じー
でも SS席

SS席
うーん
うーん
SS席…
じー
半日悩んで決めました
今回はS席を申し込んでそのかわり2泊3日で行ってたくさん観る
スケジュールはこんな感じ
土
11:00
15:00
日
11:00
15:00
月
13:00
泊
泊
観劇ツアー公演
あとの4回公演は友の会で申し込んで当たったら観劇
夢の国へのチケット
まっ暗な夜空
必ず手に入れる!!
ポイントは言い切ること
新月にお願いする(叶うらしい)

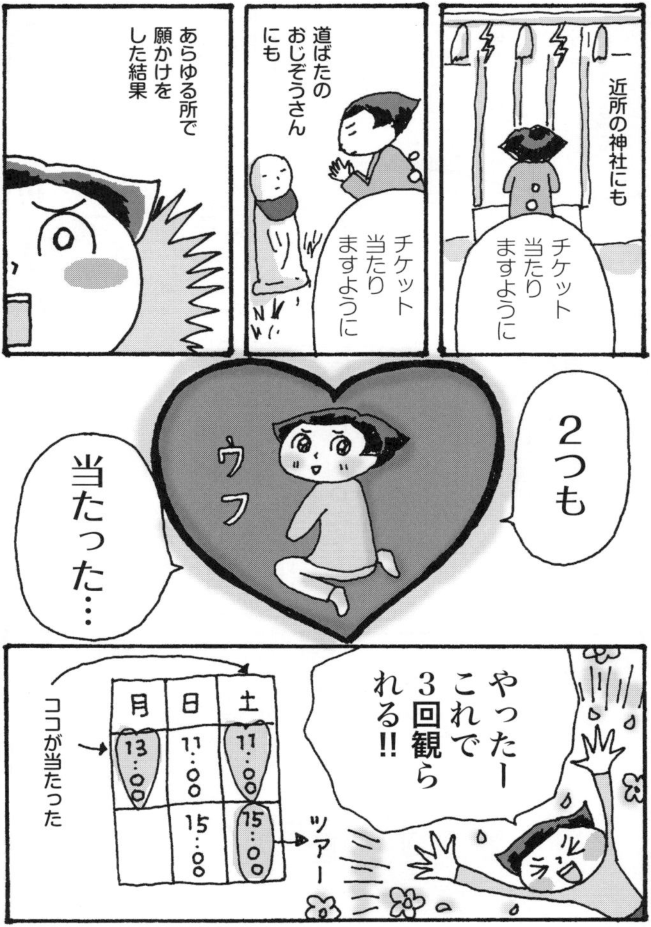
近所の神社にも
チケット当たりますように
道ばたのおじぞうさんにも
チケット当たりますように
あらゆる所で願かけをした結果
2つも
当たった…
ウフ
やったーこれで3回観られる!!
ツアー
ココが当たった
月
日
土
13:00
11:00
11:00
15:00
15:00

土
日
月
11:00
15:00
11:00
15:00
13:00
友
ツアー
友
アレ!? でも
日曜日が丸一日
あいちゃった…
どーしよー
宝塚市の観光
ふーん
宝塚って
温泉が
あるのか
温泉
入ろう
かな
ひとりで？
ひゃー
私ひとりで
旅行なんか
できるの
かなー
急に
ドキ
ドキ
して
きた
ドキ
ドキ
ドキ
ドキ
夜ねられる
のかなー
行く前から悩んで
夜眠れなくなるミチルでした

その18
来ちゃった
計画通り新幹線に
乗り
ひとり
新大阪駅に
降り立つ私
すたっ
そして
駅員さんに
まっすぐ
近づき
ずんずんずん
宝塚に
行くには
どうすれば
いいんですか？
しっかり
質問!!
人に聞くのが
一番 迷わない
ガタン
ゴトン
普通 新三田
こっこれが
宝塚に
向かう
電車!!
ドキドキ
ゴトン
ガタン
ゴトン
ガタン
こっこれが
宝塚に向かう
電車の車内!!

そして
次は宝塚です
ドキン
JR
宝塚
たからづか Takarazuka
なかやまでら
ここが
宝塚駅〜!!
パン
パンッ
山がある〜〜〜!!
川がある〜〜〜!!
オレンジの屋根のオシャレな建物〜〜〜!!
何 こののんびりした空気!!

この空気が
都会で疲れ切った私を
やさしく受け入れて
くれるみたい
宝塚
いい!!
宝塚
好きかも
そして
さらに
進むと
ずんずんずん
ズキューン
花のみち
ああ!!
ついに来た!!

私の名前はハナノミチル
＝
花のみち
（大劇場に向かう道の名前）
あぁあ・・・
それに気づいてからここにずっと来たかったのよ!!
ハナノミチル花のみちを歩いてます!!
まさに私の道っ
はっ
そうか花のみちって
お花がいっぱい咲いている道なんだ
ミチルの道にもいっぱいお花を咲かせなきゃ!!
じーん
がんばるぞっ
まだすみれの国の入口なのに感動しまくるミチルでした

その19
ついに来た!!
半年前の私にはニガテなことがたくさんあった
ニガテなことはしません
みません
自分ができないようなことをわざわざしたくありません
ききません
でも
私たちはもう
出会ってしまったんだ
運命の出会いがそんな私を変えた
ニガテ?全部克服してやる!!
あの人に会うためなら自分にできないことは何もない!!
そしてとうとう

ここまで来た!!
宝塚歌劇
TAKARAZUKA

ここが……
宝塚大劇場……

あっ
あれは
宝塚歌劇を作った小林一三先生の銅像!!
私をシアワセにする空間を作ってくれてありがとうございます
はっ
あの行列は?
チケットカウンター
ごく
も……もしやここで夢の入口のチケットが?
フラー
はい、こちらで買えますよどのお席がご希望ですか?
え～

だって
東京の方じゃ
ぜんぜんチケット
とれないし
えーーえーえーー
その日に行って
チケット買える
なんて
びっくりーー
土
日
月
11:00
15:00
11:00
15:00
13:00
はっ
明日のチケット
でも買えます
か？
はい
大丈夫ですよ
じゃあ
11時と15時
の席を……
はい
お待ちください
まるまる
あいてた日曜日
日
11:00
15:00
ぎっちり観劇で
うめました
日
11:00
15:00
ひとり温泉は
またの
機会に!!
ああこれで3日間
あの人を堪能
できる♡

その20
燃えつきるまで
1日目
11:00公演 1階15列
サブセンター席
(センターブロックの両隣ブロック)
ひゃー
広い!!
はじめての
大劇場に
感動
はじめて観る
演目
思いきり
感情移入して
泣く
15:00
ツアー会社貸し切り公演
1階6列を申し込んだ
ああ
やっぱり
近いって
シアワセ
ドキドキ
ドキドキ
隣に座った人に
お泊まりは
タカホ?
と聞かれる
えっ
えーと 私
はじめてで
えーと……
タカホって
何ですか?
お泊まりは
宝塚ホテル
なの?
宝塚ホテル
略してタカホ
あ
いえいえ
今日はちがい
ます!!
どなたか
ごひいきの方は
いらっしゃる
の?
えっ
限りなく小さい声で
トップさんが……

はっ
ステキよねぇ
わかるわぁ
ハイ
ステキですぅ
鼻息があらくなる
はじめて
わかりあえる
人と出会う
キャ
キャ
そしてサプライズなことに
その夜泊まったホテルには
温泉が
あったよー
ひとり温泉
できちゃった
よー
わーい
わーい
2日目
11:00公演
1階20列センター
思いきり
感情移入
して泣く
15:00公演
1階28列サブセンター
思いきり
感情移入
して泣く

2日間で4回連続
観劇達成
やったー
でもヘロヘロ
明日……
明日が
最後だ……
おきあがれない
きりっ
くいのない
ように
しっかり
あの人を
観ていかなくちゃ
3日目
観劇の間の
3時間だけ
生気をとり
戻せてればいい
はうように大劇場へ
神様　今から3時間
私に最後の力を
くださいっ
席についたら祈る

幕があがる
集中する
ぱちっ
ひたすら
あの人の世界に
入りこむ
パチパチパチパチ
終わった……
目はショボショボ
肩はパンパン
首はガチガチ
腰はグキグキ
でもいいの
私シアワセ
だったから
フフフフ
すっかり
燃えつきて
新幹線で
帰りました

その21
スリルな日々
はじめての大劇場
観劇ツアーの余韻に
どっぷりひたりつつ
東京宝塚劇場の
観劇モードに入りました
大劇場で
約１ヶ月間公演
した後
東京公演が
約１ヶ月間
あります
宝塚でも
会えて
東京でも
会えて
超シアワセー
ふわ
ふわ
ちょっとミっちゃん
地に足が
ついてないよ
お友達の
カナホちゃん
大丈夫!!
だって今の私の
背中には
羽があるから〜♡

でも東京公演の千秋楽が近づくにつれて
私の心に黒い影がよぎるようになってきました
はああ
なんで？
実は……大劇場で隣に座った人にこんなことを言われたの
この公演が終わったら覚悟しなくちゃよね!!
えっ
なにをですか？
たぶん退団発表があるわよ
えええええええ

たぶん退団発表があるわよ
たぶん退団発表があるわよ
たぶん〜〜〜
た……た……退団……
ばたん
そういえばミっちゃんそんなこと前に言ってたねえ
いつかは退団するからそれまでに1回でも多く観たいって
でもそういうのって前もってわかるの？
ううんわかんないらしいけど
長年ヅカファンをやっている人にはなんとなく予想がつくようになっているんだって
次の公演のタイトルにトップスターの名前に関するものが入ってるとか
サヨナラっぽいのがタイトルに入ってるとか

そして千秋楽がきた
がんばってチケットとった
感動してまた泣く
次の日
きっ今日？今日なの？
ドキドキドキドキドキドキ
ガーー
本当に今日悲しいおしらせがくるの!?
メールで届くようになってる
くるとしたら夕方以降よ
ドキドキドキ
ドキドキドキドキ
夕方夕方
ドキドキドキドキ
夕方夕方
ブーー
びくっ
きたっ
退団発表のおしらせ
ああ……
おそれていたことが現実になり3日間ねこむミチルであった
しくしくしくしくしく

その22
期限つきの恋
はじめてあの人と出会ったのは寒い冬
思えば私の心は冷え切っていた
あの人とお別れしなきゃいけないとわかったのは暑い夏の終わり
はじめて私の心に火をつけた人……
ボッ
あの人と会えるのも
あと数ヶ月
今まで買い集めた雑誌や切りぬきを見て泣き
CDを聴いて泣き
DVDを見て泣く

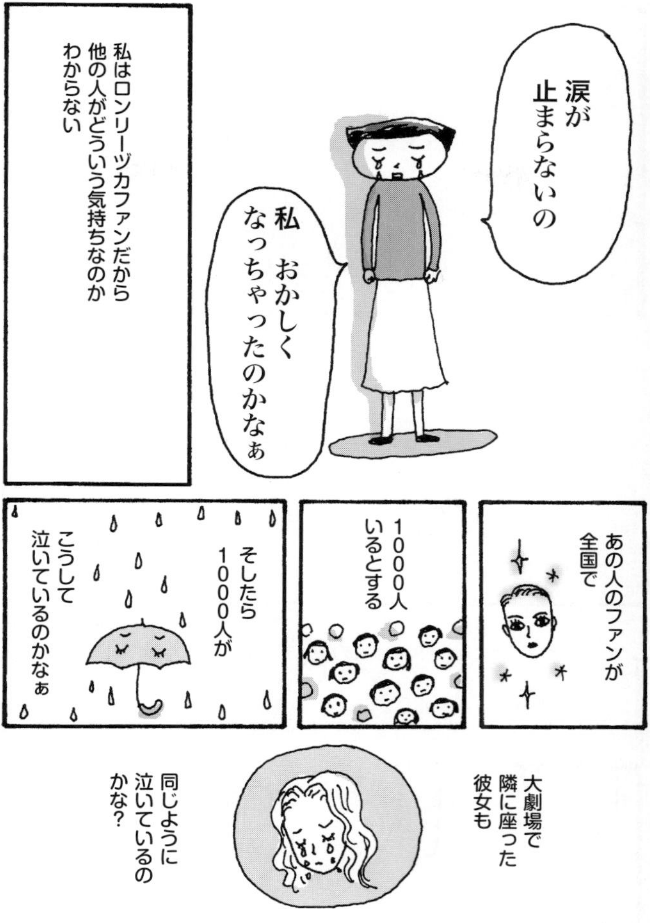
涙が止まらないの
私 おかしくなっちゃったのかなぁ
私はロンリーヅカファンだから他の人がどういう気持ちなのかわからない
あの人のファンが全国で
1000人いるとする
そしたら1000人がこうして泣いているのかなぁ
大劇場で隣に座った彼女も
同じように泣いているのかな?

いっぱい いっぱい 泣いて
そろそろ
ひからびて きたなぁ って思ったら
吹っ切れた

期間限定の恋
最後までつらぬきます!!
ゴールに向かって
貯金通帳確認よし!
完全燃焼!!
かせぎたいんです仕事くださいっ
後悔しないぞっ
とにかく仕事仕事!!
さあ 次は全国ツアーだ!!

その23 全国ツアー（前編）

カナホちゃん 私 どうしたら いいのか わからない のっ
えっ どーしたの？
全国ツアーが あるのよ
は？

全国ツアーとは

宝塚歌劇団1組の選ばれたメンバーが日本全国の会館をまわりながら公演することです

シャンシャン
花組 選ばっメンバー
各地に行く!!

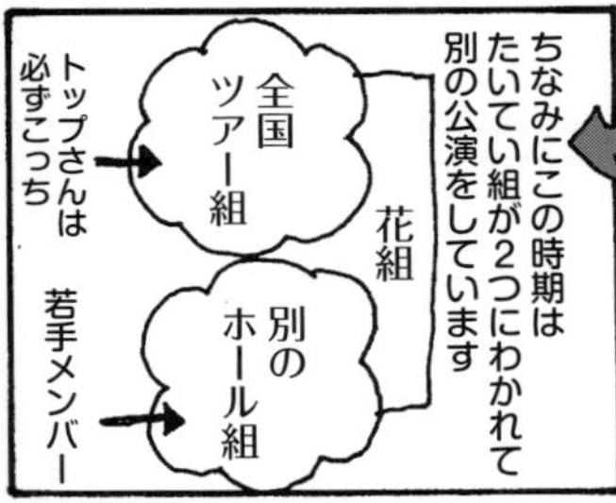
ちなみにこの時期は たいてい組が2つにわかれて 別の公演をしています
花組
全国ツアー組
別のホール組
トップさんは必ずこっち
若手メンバー

で、今回の全国ツアースケジュールはこんな感じなの

1〜2	大阪府
3	移動日
4〜5	静岡県
6	静岡県
7	移動日
8	埼玉県
9	神奈川県
10	移動日
11	茨城県
12	群馬県
13	移動日
14	福岡県
15〜16	福岡県
17	移動日
18	福岡県
19	移動日
20	岡山県
21	移動日
22〜23	愛知県
24	移動日
25	島根県
26	移動日
27〜28	広島県

わあスゴイ 1ヶ月もあるんだ

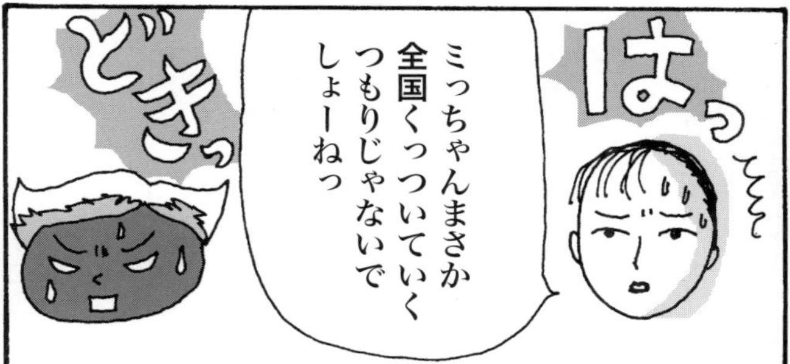

はっ
ミっちゃんまさか全国くっついていくつもりじゃないでしょーねっ
どきっ

やっぱり1ヶ月も仕事しないとマズイかな……
イヤイヤそーゆー問題じゃなくて!!
貯金はいっぱいあるのよ今まで使い道なかったし……
そして幸い私は仕事をフリーでしてるから作る気になれば時間だって……
だから
そーゆー問題じゃなくてっ
私に残された時間は限られてるのっ
それに……
大好きなあの人と一緒に旅行できるのよ……

どーしよう
マジだわっ
なんとか説得しなきゃ
はっ
あのね
聞いてミっちゃん私の想像だけど
サヨナラ公演にお金をかけた方が後悔しないんじゃない？
そしてあの人と旅行できるわけじゃなく1ヶ月間ひとり旅なのよ!!
はっ
それは……そうかも……
ね？ね？
関東近辺で行ける範囲の所だけにしときなさい
イヤー名古屋までは行かせて！

その24
全国ツアー（後編）
全国ツアーがはじまりました！
一晩中考えた結果
私はココに行くことにしました
大阪
静岡
埼玉
神奈川
茨城
群馬
愛知
ラッキー7県！
行ったことのない
はじめての場所で
観劇
私の人生
初静岡!!
静岡
こういう所に来られる
きっかけを作ってくれた
のもあの人のおかげ
なんだわ
しかも
ひとりで!!
アリガトウ
いつもとちがった
気持ちで観劇
でも意外な所に
おとし穴が…
今から
30分の休憩
に入ります
えっ
何？
どどど
全力疾走
トイレ
トイレの行列
あっ

しまったー
さっ
宝塚歌劇専用の劇場は女子トイレが多く作ってあるけど
一般の会館ではトイレが足りない
ヅカファンて90%女子だもんなぁー
まにあうかな
まもなく第2部がはじまります
えっ
まだこんなに並んでるんですけど〜
トイレ行かないでショーみる?
いやムリムリ
どーしよう
ギリギリまにあいました
ゼーハー
ゼーハー
ジャーン
ジャーン
次の場所からは
会館に着いたらトイレの位置チェック
←
自分の席からどのトイレが近いかチェック
←
どの出入口を使うかチェック
WC命!
絶対やらなくちゃ!!

トイレ問題をクリアできた後は順調にツアーは進み
いろんな所行けてプチ旅行してるみたいで楽しい!!
残るは愛知県の名古屋だけになった
私の人生初名古屋!!
なのに公演前日
うっ
はげしいゲリが私をおそう
おきあがれない
はっ
ぴ〜ごろろ
バタン
ぴ〜ごろごろ
はあああ
カチャ
げっそり
何がいけなかったんだろう
あんなに気をつけて生活してたのに
こんな状況で新幹線で東京から名古屋まで行って
1泊して観劇できるわけがないって思うでしょ?
大丈夫
愛があれば

愛の力で新幹線に乗る
何も口にしなければ出ない!!
もしもダメならトイレが私の指定席
ホテルでは開演ギリギリまでねて
←
時間がきたら会館に行く
ホテルから徒歩5分
←
終わったらホテルに戻りねる
←
それを次の日もくりかえす
そんなこんなで
愛の力で2回観劇達成!!
ぐっ
これが最後だから自分のできる限りの力を出したかったの
帰ってからも2日間ねこむミチルでした
でもシアワセ…

その25
ディナーショー
トップさんが退団する時のイベントのひとつにディナーショーというのがあります
※ コンサートの時もある
カナホちゃんディナーショーって行ったことある?
チラシ
えっ
ディナーショーってクリスマスとかにホテルでやる値段の高いヤツでしょ?
ないないっ
2万7千円だって
高っ
S席だと3回
A席だと5回
B席だと8回
観劇できる
高級イメージ
わかない
そんな高級イメージのディナーショーって何するの?
想像力の翼を広げるのよ!!

1
ホテルでやるんだから
ドレスアップしなきゃなんじゃない？
結婚式に行く時みたいに
ドレスなんて持ってないよ
買う!! それか借りる!!
2
「ディナー」なんだから
フランス料理のフルコースを食べるんじゃない？
えーそーゆーのニガテ!!
マナーわかんない!!
隣の人のまねすりゃいいのっ
3
「ショー」はすごいまほうとか使って
は
ハトとかお札とか出すんじゃないの？
えっトップさんがそんなことするかなぁ
えーえー
そんなのわかんないよ

きっとアレが必要よ
アレ
お札で作ったネックレス!!
えーー
最後だものきっといろんなことするのよ
ウンウン
とっとにかくどんなのか
スカステで録画したやつ見てみよう
他の人のディナーショー
ドキドキ
ステージ
バンド
丸テーブルにお客さんが座ってる
やっぱり結婚式みたいだね

あらやだ途中でうしろの扉から出てきた!!
ジャーン
キャー
♪キミが好きだよー
バチン
きゃ
ドカーン
ここよ!!
アレ? お札のネックレスかけないのー?
アタシもしあんなことされたら失神するからムリ
ディナーショーはあきらめる

その26
サヨナラ公演の準備
サヨナラ公演
それはトップスターさんの
卒業式である
同時に私たちファンも
あこがれのタカラジェンヌ
さんから卒業するイベント
ずーっと
ずーっと
大好きで
心の支え
になっていた
人が
あの人に
会えたから
またお仕事
がんばれるー
いなくなる日
想像する
だけで
ポロ
ポロ
涙があふれる
んですけど……

今まで何度か他のトップスターさんのサヨナラ公演を観た
テレビでだったり
実際に劇場でだったり
おしばいもショーも「旅立ち」や「お別れ」を意識してた
そして
ぐす
ずずっ
はっ
まわりからはつねにサヨナラを悲しむ音がきこえてた
ぐすっぐす
つられて泣く
うっうっ
今度は私がお別れをする立場
きちんと後悔のないようにお別れをしなくては!!
泣いてばかりいられないわ!!

そこで重要なのが

サヨナラショー

サヨナラショーとは

スターさんが今までの
タカラヅカの舞台で
演じた役の歌やダンスを再演する
スターさんの集大成を見せるショー

トップさんの
サヨナラ公演は
1ヶ月近くやるけど
サヨナラショーは4回だけ

宝塚大劇場
前楽 と 千秋楽
1回目　2回目

東京宝塚劇場
前楽 と 千秋楽
3回目　4回目

更に卒業式が
千秋楽の日に
あります

2回ある

まとめ

トップさんの
サヨナラ公演の
前楽の後には
サヨナラショー
がある

千秋楽の後には
サヨナラショーと
卒業式がある

そりゃあ大好きなトップさんの卒業式
劇場で一緒にお別れとお祝いしたいよねえ
と、思っている人が全国に数千人（あるいは数万人）いるわけです……
当然
チケット手に入る確率低いよねえ
はー
神様 私の全人生の運をここで使いたい!!
どうか友の会のチケット当てて!!
星に願いを
はたしてミチルちゃんはサヨナラショーを観ることはできるのでしょうか!?

その27
別れの順番
友の会の抽選はハズれました
ミチルのしょーがない節
作・ハナノ　ミチル
どーせ最初から
当たるなんて思ってなかったし
しょーがないわ
99%の確率で
ハズれると思ってたもの
しょーがないわ
運を一度に使いはたせるわけないし　しょーがないわ
でも!!
私なりに分析してみたのです
聞いてくれる?
宝塚大劇場は客席が２５５０
東京宝塚劇場は客席が２０６９
大劇場の方が４８１席多い
千秋楽と卒業式両方観たいって人が多いだろうから
宝塚大劇場の前楽が一番当たる確率が高いのでは?
と、予想して申し込んだわけです

あーあ
そんな分析してもムダだったけどねっ
ブーブー
さっ
もしもしあ、カナホちゃん?
うん私ハズれちゃった
当たった?
バタン
キューー
もしもしミっちゃん聞いてる?
大劇場の前楽当たったんだよ〜〜〜!!
実は
自分ひとりで申し込んでもムリだと思ってカナホちゃんにも友の会に入ってもらって申し込んでもらったのです
ムリヤリ
ありがとう〜〜〜

こうして私はサヨナラショーのチケットをゲットしました
わ、もう大劇場近くのホテルはどこも満室!!
あわててホテルを探して予約もしました
うそー
これでお別れの準備は半分整ったわ!!
え? 半分?
そう半分
バッ
あとは東京公演を何回観に行けるか?だわ!!
えー

サヨナラショーは最後のお別れをするために観るんじゃないの？
その後も観るの？
うんっ
私も最初にクライマックスに近いサヨナラショーを観るってのはどうかなーと思うんだけど
最後にどうしてもやっておきたいこと
アレも
コレも
ソレも
を実現しようとしたら
そうなっちゃったのよ
たとえ順番が前後してもね!!
それって気持ちがちゃんと追いつくのかしらねえ
……
わからん
いよいよ未体験のお別れイベントがはじまる

その28
悲劇のヒロイン
宝塚大劇場で私の好きなトップスターさんのサヨナラ公演がはじまった
スカステで初日映像観たけど主人公が「アデュー」といって旅立つ話らしいの!!
ふ〜ん
やっぱり私そのシーン観たら号泣するのかな？
きっと涙で前が見えなくなるんだよね？
ど〜しよ〜
最後のあの人の姿ちゃんとこの目に焼きつけたいのに!!
…
そしてついにその日がきた
ドキ
ドキ
いつもより緊張して新幹線に乗り
ドキ
ドキ
やっぱり迷い
宝塚へ行くには何番線ですか？
ドキ
ドキ

来た!!私のみち!!
ドキ
ドキ
ハナノミチルという名前だから
花乃みち
大劇場に続く私(花)のみちを歩きながら思う
ドキドキ
今日の私は一体どうなってしまうのだろう?
終わった後少女まんがに出てくるみたいな
悲劇のヒロインになってるのかも!!
まァどうしましょう
ドキドキ
タオルハンカチ
スタンバイOK!!
パチパチパチ

はっ
あれ？
おっ終わっ
終わっちゃったよ!!
ひ－
えっ…これって…
考える間もなく第2部スタート
今度こそ
ぎゅ
タオルハンカチ
ぐすっ
ぐすっ
はっ
ずずっ
ううう
ぎゅう
ずるずる
ぎゅう－
いくらタオルハンカチをにぎりしめても
涙は出てきませんでした

いやいや
さすがに
サヨナラショーは
ちがうだろう
パチパチパチ
終わっちゃったよ…
涙、一滴も
出ず!!
ヘンな汗は
いっぱいかいたけど
タオル
ハンカチ
一度も使わず
ホテル
帰りの
新幹線
私…
もしかして
ちゃんと
お別れでき
なかった?
あんなに
いろんな下準備して
カナホちゃんにも
助けてもらって
わざわざお別れに
行ったのに
私…
何しに行った
んだろ…
ミチルは
帰りの新幹線の中で
やっとタオルハンカチを使いました

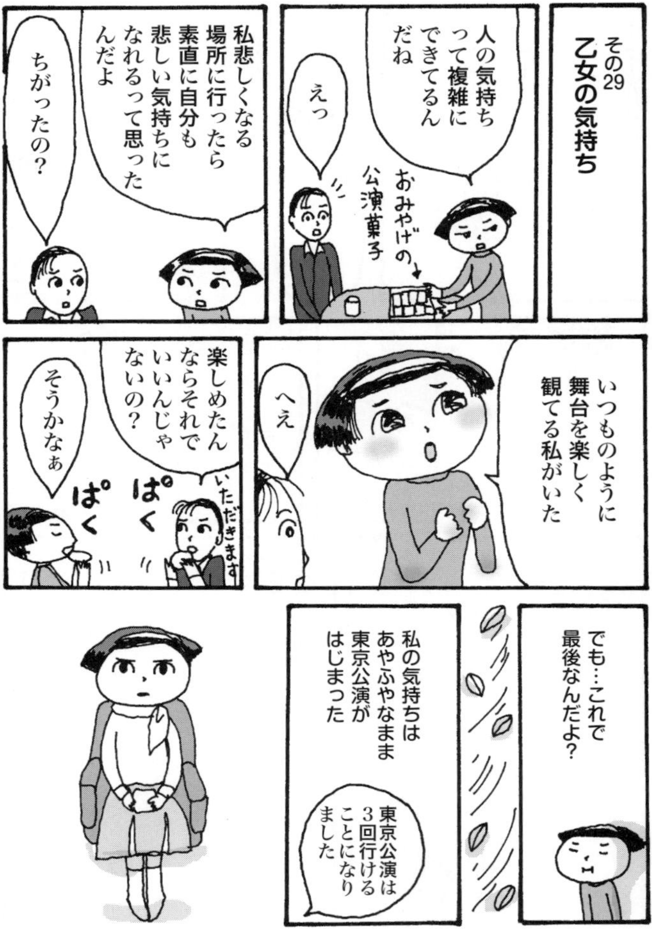
その29
乙女の気持ち
人の気持ちって複雑にできてるんだね
えっ
おみやげの公演菓子
私悲しくなる場所に行ったら素直に自分も悲しい気持ちになれるって思ったんだよ
ちがったの？
いつものように舞台を楽しく観てる私がいた
へえ
楽しめたんならそれでいいんじゃないの？
いただきます
ぱく
ぱく
そうかなぁ
でも…これで最後なんだよ？
私の気持ちはあやふやなまま東京公演がはじまった
東京公演は3回行けることになりました

1回目も
2回目も
またタオルハンカチを使わなかったな
いつも以上に冷静に舞台を観る私
今日で最後かあ
そして3回目
そういえばはじめてこの劇場に来た時
心配ばっかりしてたなあ
どうしよう暗いのニガテトイレ大丈夫かなセキがでないかな
今は全部克服して平気になったなあ

そもそもどうして私は宝塚歌劇を好きになったんだろう？
私がいた世界とは
正反対な世界
正反対？
イメージ
でも私宝塚歌劇を観るようになって
少女まんがの主人公みたいになれるのがうれしかったのよねえ
そういえば私、小さい頃バレリーナになりたかったし
お姫様にもあこがれてた
たてロール
少女まんがも大好きだった

そういう忘れてた「乙女の気持ち」を思い出させてくれたのが
宝塚歌劇だったってことよねえ
30すぎて
ぱっ
じゃーん
はっ
あのでっかい羽根が「あなたは女よ」って気づかせてくれた気がする!!
ぶわ
そうだこの人が気づかせてくれたんだ!!
今までシアワセな気持ちにさせてくれてありがとうございました
やっと最後にお別れできました

その30
次の国へ
東京公演の千秋楽もぶじに終わり
スカステでみて泣く
1ヶ月くらいぬけがらのようにすごし
すみれの国から帰ってきました
あーあーまた以前の私に戻っちゃうのか
それはないんじゃない?
えっ

だってミっちゃんすみれの国に行く前よりずいぶん変わったよ
オシャレにも気を遣って女らしくなったし
・・・・
仕事もがんばってるしイキイキしてるよ
私、ミっちゃん見てて思ったのはさ
好きなものがあるということは自分の軸があって居場所があるってことなんだなあって
現実
よし 仕事だ!!
どっぷり
スミレの国

そういうの うらやましいなって思ってたよ
私も夢中になれることみつけたいよ
そうかあ 私、すみれの国に行って変われたんだ
「キラキラした世界」を知らなくったって生活はできていたけど
「キラキラ」を知ったら前より生活が楽しくなった

イヤなことがあっても
つらいことがあっても
この場所に来たら
みーんな忘れさせて
くれた
すみれの国は
私にいろんなことを
気づかせてくれた
私また
夢中になれる
こと探す!!
カナホちゃんも
一緒に
探そう!!
私
すみれの国から
こんにちはって
笑顔で帰ってこられた
から
また別の国を
みつけます

オマケマンガ
わたしと宝塚歌劇
その1 出会い

小さい頃から
少女まんが
なかよし
りぼん
バレリーナ
お姫様
などが好きだった私

なんとなーく
宝塚歌劇にも
興味がありました
あのキラキラした
世界はなんだろう
私が初観劇したのは
1995年12月
友人に
チケットが
あまってるから
行かない？
と、さそわれたのが
きっかけです
その時私
26歳
はじめて
劇場に行く!!
一番いい服を着た
はじめて
おしばいを
観る!!
広い劇場には
たくさんの
女性客!!
タカラヅカは
女性ばかりの
劇団だけど
お客も女性
ばかりなんだ…

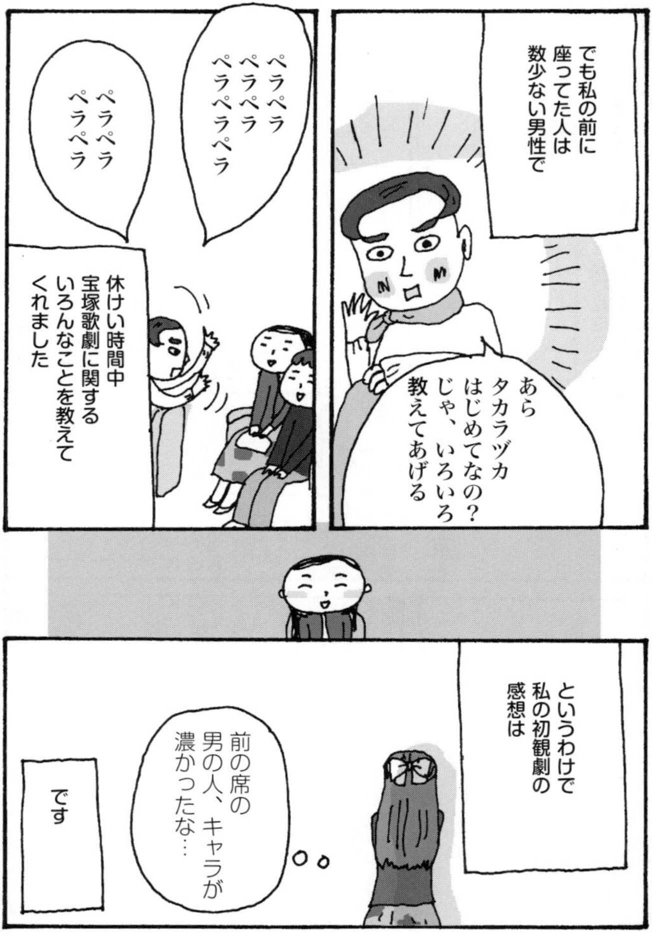
でも私の前に
座ってた人は
数少ない男性で
あら
タカラヅカ
はじめてなの？
じゃ、いろいろ
教えてあげる
ペラペラ
ペラペラ
ペラペラペラ
ペラペラ
ペラペラ
休けい時間中
宝塚歌劇に関する
いろんなことを教えて
くれました
というわけで
私の初観劇の
感想は
前の席の
男の人、キャラが
濃かったな…
です

なんだかあれでは
タカラヅカがよく
わからなかった
のでまた観劇したいと
思いました
うんうん
もう一回
観てみたいの
友達にお願いして
チケットを
とってもらいました
次の観劇の
前にタカラヅカ
をもっと知って
おいた方が
いいのかも
私は当時買ったばかりの
Macパフォーマ6210で
ニフティサーブにつなぎ
宝塚歌劇のフォーラムに
入会希望メールを出しました
すぐに返事が
来ました
ようこそ
あなたの
ごひいきの生徒さん
のことをお知らせ
くださいね

ごひいき…
生徒さん…
私はMacの前で固まりました
ごひいきは「好きな人」だし生徒さんは「タカラジェンヌ」のことだ
それはわかる
でも…
タカラヅカファンて
いつもこういう言葉遣いしてるの?

はっ
そういえば この間の 前の席の 男性!!
タカラヅカはね ごひいきさんが できるととっても 楽しいのよ
あなたたちも そういう方が早く みつかるといいわね
それじゃ ごきげんよう
ウフ
あの人も 同じような しゃべり方 してたよ
あーどうしよう どうしよう
ワタクシ 初心者なので ごひいきの 生徒さんは まだいません
と、返事をしました
情報を得る ためフォーラムの 掲示板をのぞいて みました

○○ちゃんが銀橋で目線くれたわ
○○ちゃんもう研10でしょ そろそろ男役を極めなきゃ
組長が組子をしかったんですって
今回のエトワールは○○ちゃんよ
ロケットのまん中の子カワイイ
次の公演チョンパらしいわよ
わー私が悪かったです
ごめんなさいっ
書いてあることの意味がわからなかった
タカラヅカファンは芸名ではなくニックネームで呼ぶ
それもフクザツにさせてる原因だった
芸名の漢字の読み方すらわかんないのに
どうしよう
私、ここに入っていってやっていけるのかな?

ものすごいキンチョーの中
2回目の観劇に行きました
演目は「エリザベート」
こんな私でも大作だという情報は知ってる
一度観てみたかったの
黄泉の帝王トート
エリザベート
でも観劇中
私はココにいていいんだろうか?
ヅカに対して無知な私がこんな大作観てもいいんだろうか?
キンチョーしすぎて内容は全く覚えてない
せっかくチケットとってもらったのに…
そんなこんなで
私にはムリです
つかれすぎてねこむ
と宝塚歌劇から遠ざかりました

それから10年たった
２００６年１月
また私は
観劇しませんか?
宝塚歌劇のファイル
と、さそいをうけました
一緒にお仕事をしていた編集者さんがヅカファンだったのです
ハイ ぜひ行きたいです!!
と、即答したものの
いーのかなあ 私が入っていけない世界だよなあ
私は悩みました
観劇の前日は
いーのかな
いーのかな
キンチョーして眠れませんでした
花組公演「落陽のパレルモ」という作品を２階席の一番うしろの席で観ました
ホッ
私のような一般人はこのくらいの席がちょうどいい

本日はようこそ
おいでくださいました
花組の春野寿美礼です
ぺこ
指揮者さん
パチパチ
パチパチ
パチパチ
ジャーン
トップスターの
春野寿美礼さんが
歌い出した時
私は今までに
経験したことのない
状態になりました

目の前がパァァっと
輝いて光ってて
ちょっとだけ体が宙にういて
ふわふわしてて
とってもキモチよくて
あったかい空気に
包まれてて
シアワセな気分
私がいるのは
東京宝塚劇場
の2階の一番
うしろの席の
はずなのに
ひとりだけ
別の世界に
行ってるような
感じ
ああそうか
これを「夢の中」
というんだ

タカラジェンヌは
夢を売る仕事
なんです
夢を売る
フェアリーなんです
なるほど
こういう
ことかああ
タカラヅカファン
の人たちは
夢をもっと見たいから
ルールを一生けんめい
覚えてるんだ
細かいルールなんて
この夢を見せて
もらえるなら
なんでもないこと
なんだ
いつのまにか
私の目には涙が
あふれていました
こうして私の
ヅカファン人生が
はじまりました

オマケマンガ
わたしと宝塚歌劇
TAKARAZUKA
その2 成長
夢の世界を知らなかった私
夢の世界を知った私
見た目は同じだけど
中身はゲキテキに
変わっていた

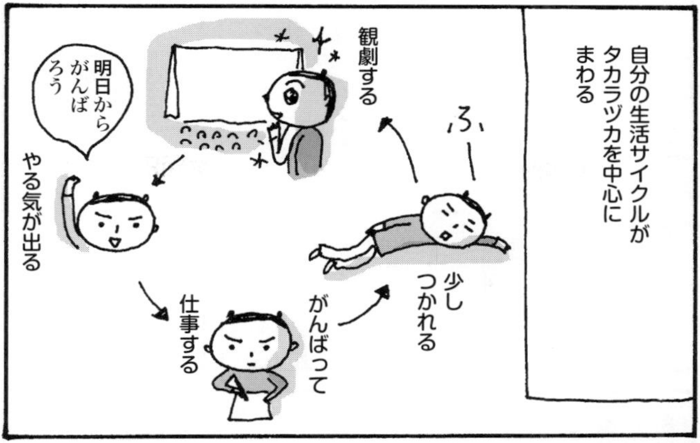
自分の生活サイクルが
タカラヅカを中心に
まわる
ふー
観劇する
明日から
がんばろう
やる気が出る
仕事する
がんばって
少し
つかれる

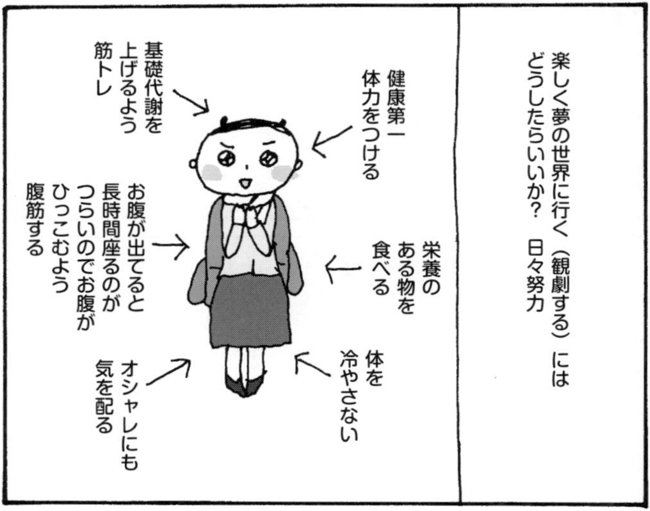
楽しく夢の世界に行く（観劇する）には
どうしたらいいか？　日々努力
健康第一
体力をつける
基礎代謝を
上げるよう
筋トレ
栄養の
ある物を
食べる
お腹が出てると
長時間座るのが
つらいのでお腹が
ひっこむよう
腹筋する
体を
冷やさない
オシャレにも
気を配る

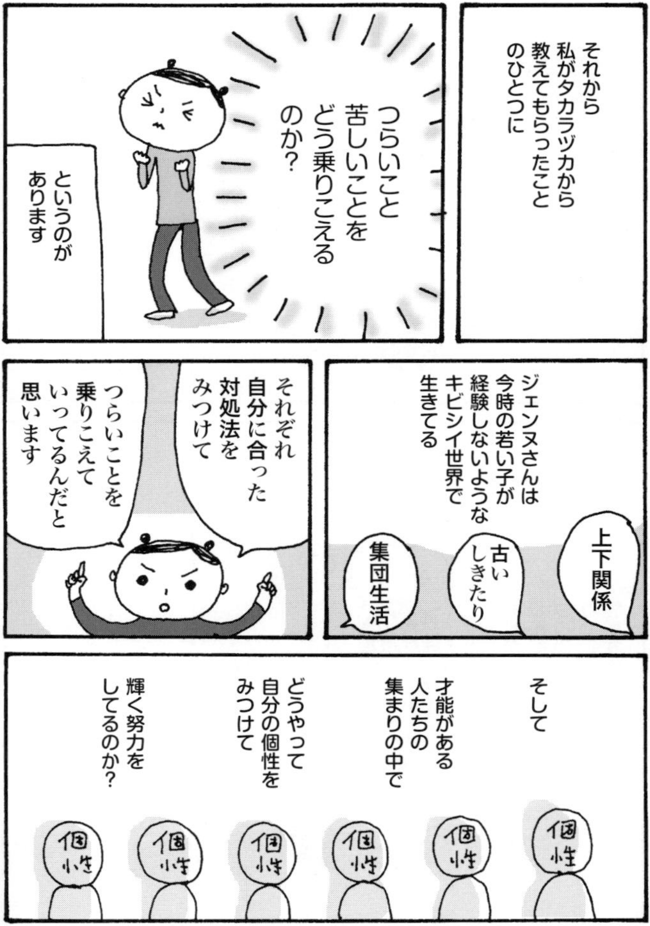
それから
私がタカラヅカから
教えてもらったこと
のひとつに
つらいこと
苦しいことを
どう乗りこえる
のか?
というのが
あります
ジェンヌさんは
今時の若い子が
経験しないような
キビシイ世界で
生きてる
上下関係
古い
しきたり
集団生活
それぞれ
自分に合った
対処法を
みつけて
つらいことを
乗りこえて
いってるんだと
思います
そして
才能がある
人たちの
集まりの中で
どうやって
自分の個性を
みつけて
輝く努力を
してるのか?
個性
個性
個性
個性
個性
個性

単独だったら
目立つけど
あの人カッコイイ
ステキー!!
複数同じような人がいたら
わ、みんな一緒
誰も同じくらいステキ
あっというまに埋もれてしまう
そんな中ある日突然輝き出す人がいてスゴイです
ピカー
あ、あの子は自分の個性をみつけられたんだな
舞台はナマモノ
ジェンヌさんの努力はすべて舞台からつたわってきます
そういう子をみつけると勇気をもらえます
あの子この間より成長してる!!
がんばったんだー!!

タカラヅカを観ると普段のにごった目がすき通る
ピュアな心を取り戻せるというか
初心を思い出させてくれるね
はじめて観劇にさそったお友達がこんなふうに言いました
さそってよかったあ
誰かがタカラジェンヌをハスの花にたとえていました
水面から出てる所は美しいけどその下はドロ水でもドロ水があってこそ輝くのだと…

フツーの日常でも
同じことだと思う
イヤなこと
つらいこと
不満のない人なんて
いない
不満
不安
自分なりにイヤなことを
消化して栄養にして
はじめて輝ける自分が
できるのではないか
きゅううう
栄養
不満
不安
だから私は
輝いてる人を見る
たびに
ピカ
いろんなこと
努力して
栄養にして
るんだね!!
と、勝手に
思ってるのです
それから
今は私に
とっての
タカラヅカは
コミュニ
ケーション
の道具に
なってます

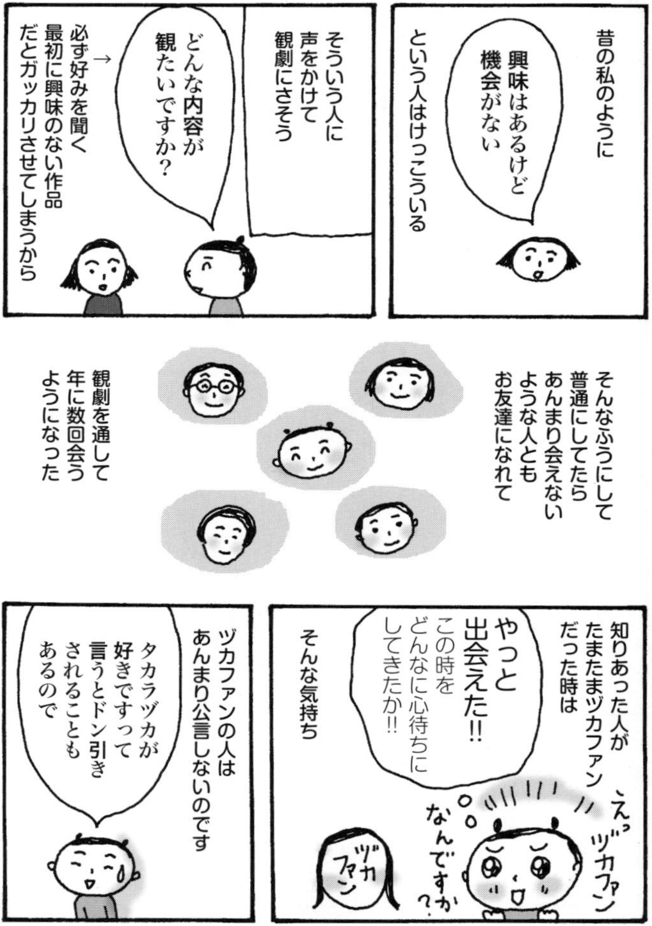
昔の私のように
興味はあるけど機会がない
という人はけっこういる
そういう人に声をかけて観劇にさそう
どんな内容が観たいですか？
→必ず好みを聞く最初に興味のない作品だとガッカリさせてしまうから
そんなふうにして普通にしてたらあんまり会えないような人ともお友達になれて
観劇を通して年に数回会うようになった
知りあった人がたまたまヅカファンだった時は
やっと出会えた!! この時をどんなに心待ちにしてきたか!!
そんな気持ち
えっヅカファンなんですか？
ヅカファン
ヅカファンの人はあんまり公言しないのです
タカラヅカが好きですって言うとドン引きされることもあるので

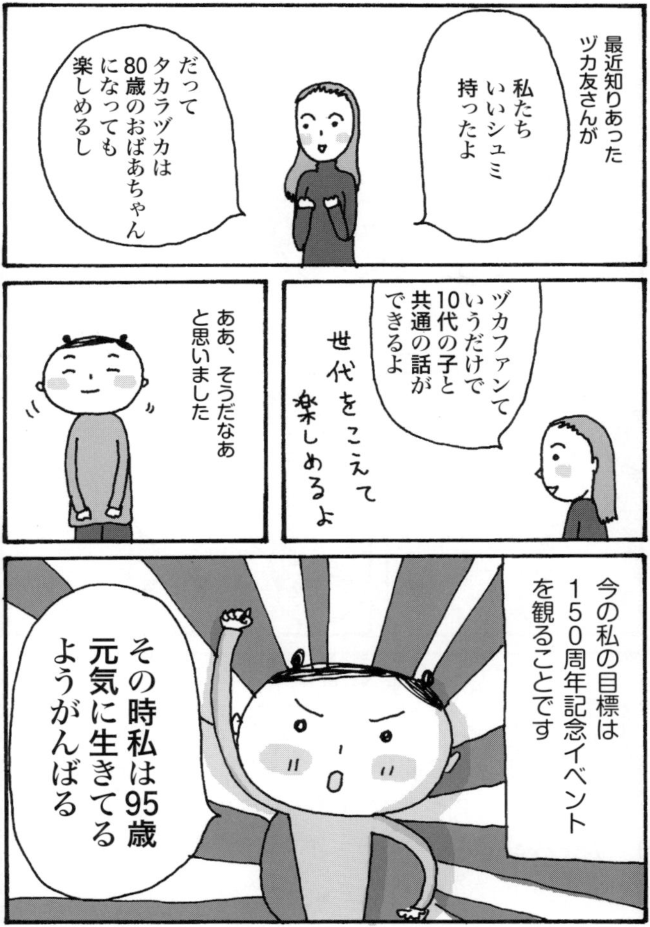
最近知りあった
ヅカ友さんが
私たち
いいシュミ
持ったよ
だって
タカラヅカは
80歳のおばあちゃん
になっても
楽しめるし
ヅカファンて
いうだけで
10代の子と
共通の話が
できるよ
世代をこえて
楽しめるよ
ああ、そうだなあ
と思いました
今の私の目標は
150周年記念イベント
を観ることです
その時私は95歳
元気に生きてる
ようがんばる

わたしたち
ヅカファンの日常
ファン歴8年
ハナノミチル
てんてん
2人は一緒に宝塚大劇場で観劇をしました
昨日の公演楽しかったね
私、4月に行われる初舞台公演を一度観てみたかったの!!
この時期花のみちは桜のトンネルになります
初舞台生のラインダンス!!一生けんめいさがつたわってきて感動した〜〜〜!!
初舞台生が全員で舞台に立てるのはこの公演だけだから集中力がスゴイんだよねー

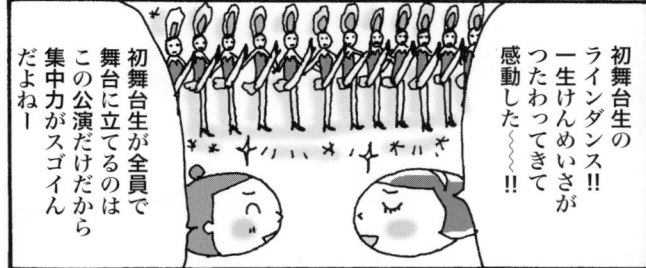

私、一度入り待ちをしてみたかったの!!
大劇場の楽屋口の前には入り待ちスポットがあるのでそこで入り待ちをすることにしました
座って待ってる
で、今ミチルちゃんはごひいきの人いるの?
えっ
うーん今はいないの
どの組のトップさんもカッコいいなと思うんだけど夢中になれる人に出会えなくて…
てんてんさんは?
私はひと組にひとりいいなぁって子をみつけておくようにしてる
そしたらどの組にも好きな人がいて楽しめるでしょ

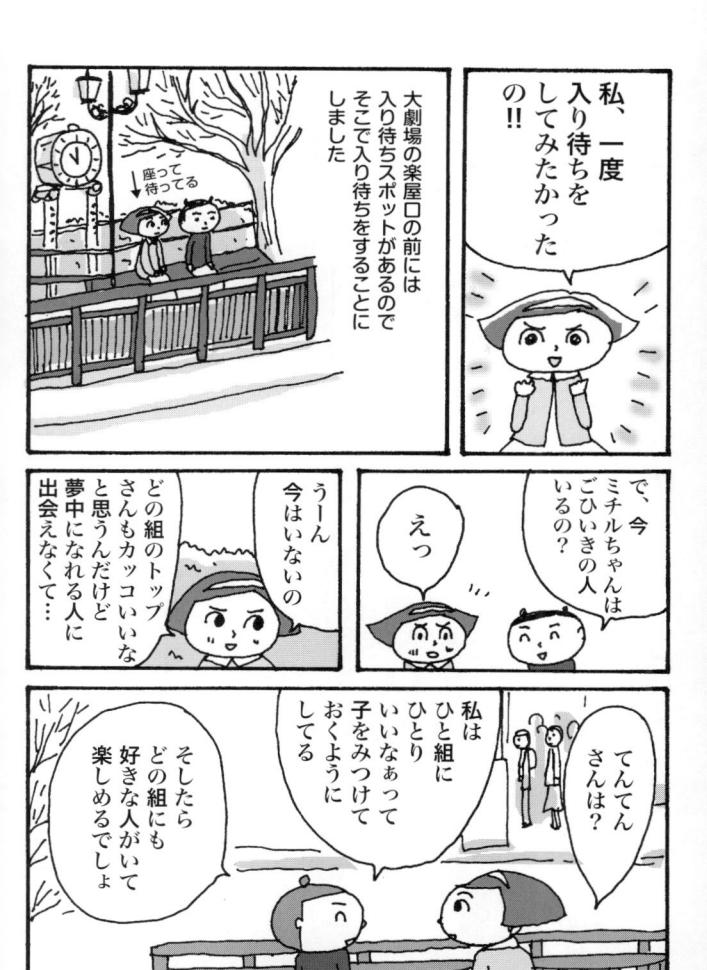

へーおもしろい!!
どういう男役が理想?
理想は中性的な王子キャラ!!
プリンス
でも
おもしろキャラの人も好き
ヒゲがにあうオヤジキャラも好き
いろんな人好きだけど
やっぱり
タカラヅカなんだから
カッコいいキメポーズができる人がいいなあ
見ててこっちがはずかしくなるくらいキメてほしいよね!!
キャー
キャー

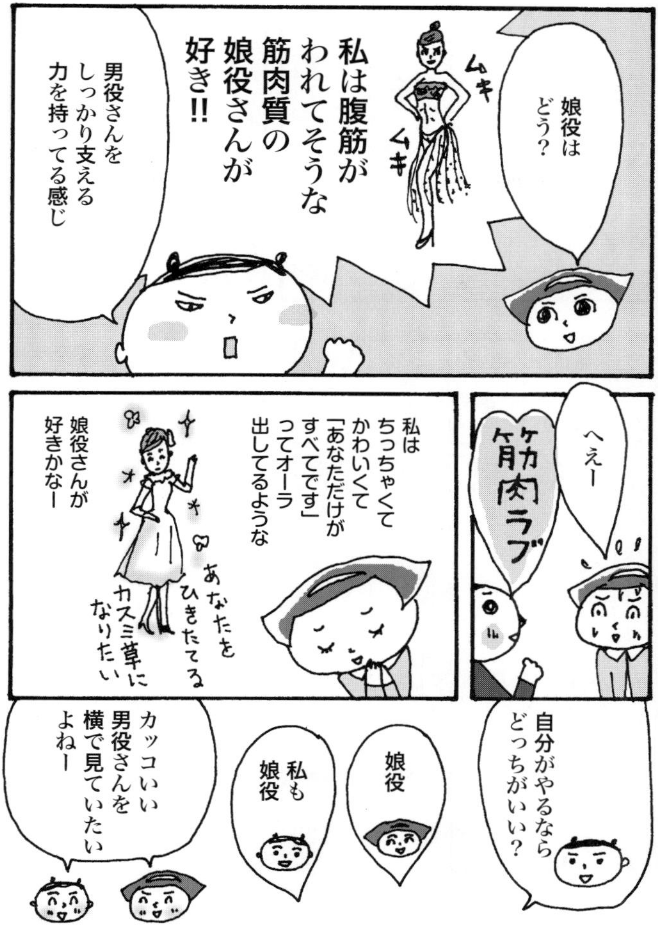

娘役はどう？
ムキ
ムキ
私は腹筋がわれてそうな筋肉質の娘役さんが好き!!
男役さんをしっかり支える力を持ってる感じ
へえー
筋肉ラブ
私はちっちゃくてかわいくて「あなただけがすべてです」ってオーラ出してるような
あなたをひきたてるカスミ草になりたい
娘役さんが好きかなー
自分がやるならどっちがいい？
娘役
私も娘役
カッコいい男役さんを横で見ていたいよねー

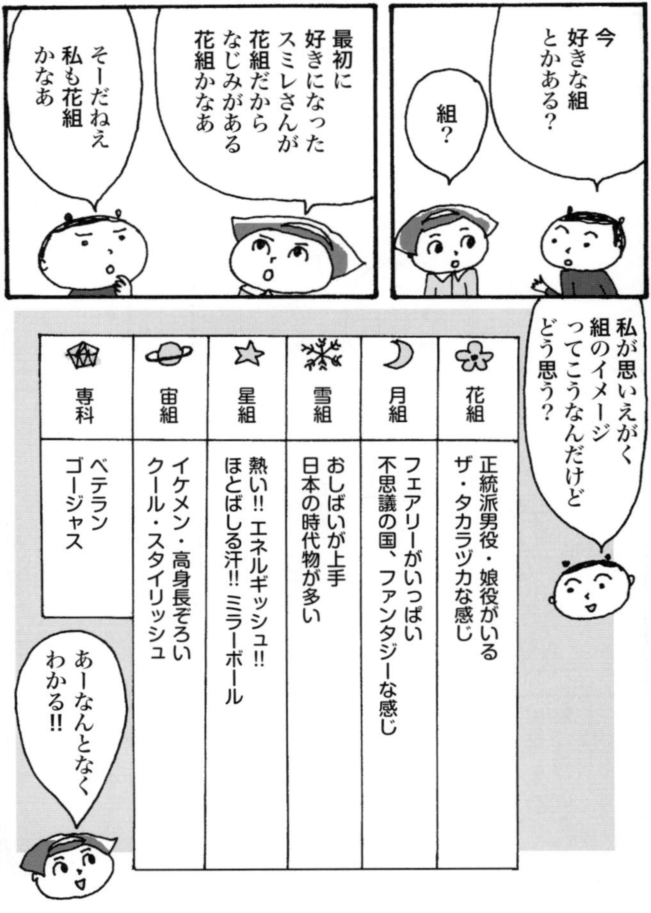

花組	正統派男役・娘役がいる ザ・タカラヅカな感じ
月組	フェアリーがいっぱい 不思議の国、ファンタジーな感じ
雪組	おしばいが上手 日本の時代物が多い
星組	熱い!! エネルギッシュ!! ほとばしる汗!! ミラーボール
宙組	イケメン・高身長ぞろい クール・スタイリッシュ
専科	ベテラン ゴージャス

それじゃさ
一番ハマった公演は何？
もちろん
エリザベート!!
（海外ミュージカル）
そーだよねえ スミレさんも やったし
その後何回も 再演されてる でしょ
私、たぶん セリフ みんな言えるよ
私も
DVDも 生の舞台も 何回も観た から
どのシーンが 好き？
てんてん
トートがエリザベート の部屋に入る時、 手だけ先に 入ってくる シーン
ミチル
ドクトル ゼーブルガー （実はトート）がエリザベート の所に来てマントをぬいで
ばっ
死ねば いい!!
と言うシーン

他に好きな公演は？
スカーレット ピンパーネル
（海外ミュージカル）
曲もよいしお話もハラハラドキドキおもしろい
悪役のショーヴランが好きでこの役を演じた人を好きになってしまう
ロミオとジュリエット
（海外ミュージカル）
にくしみと純粋さの対比がうまく曲で表現されてる
うしろでおどってるだけの「愛」と「死」が好き
ファントム
（海外ミュージカル）
曲、すばらしい お話、かなしい 舞台、華やか
これをはじめて観た時大号泣して涙が止まらなくて大変だった
ここまでは全部海外で上演された公演だねえ
タカラヅカオリジナルので好きなのある？

雪組公演 カラマーゾフの兄弟
（海外文学）
内容もしょうげきだったけど演出のもりあげ方が好きだった
イワンのセリフ「神などいない」は、しばらく口ぐせになってた
星組公演 エル・アルコン—鷹—
（まんが原作）
オープニング舞台がぐるぐるまわりながら主要キャラが次々と出てきて歌うのが好きカッコいい
エール♪
アルコーン
花組公演 明智小五郎の事件簿—黒蜥蜴
（日本文学）
「えっ」となるシーンが多い中ダントツは紙でできた車に乗って明智が緑川夫人を追いかけるシーン
大マジメ
本当はスミレさんに緑川夫人をやってほしかった
月組公演 暁のローマ
ひたすら集団で「カエサルはえーらいカエサルはえーらいカエサルはえーらい」と歌う
バカにしてるのか!!
最初と思ったけどハマる
宙組公演 銀河英雄伝説
（日本文学）
出てくる人イケメンばっかりカッコよすぎオーベルシュタインの歌が好き
「光と影のバランスがちがう」を
「お芋と栗のバランスがちがう」と替え歌で歌ってた
くりきんとん

それじゃ
好きだった
ショーは？
「EXCITER!!」
「ミスター・スウィング」 花組
「アビヤント」 星組
「ソロモンの指輪」 雪組
「ナイスガイ」 宙組
「アパショナード」
「ビート オン ビート」
「ミスティ・ステーション」 月組
共通してるのは
・わかりやすい主題歌がある
・物語性がある
・動と静のメリハリがある
・観終わった後達成感がある
唯一これだけちょっとちがう
作品全体につながりがあり
あっちこっちでちがうことをしてて
何回か観ないと全体を把握できない
「このショーは何を意味してるのか？」
を考えるのが好きだった

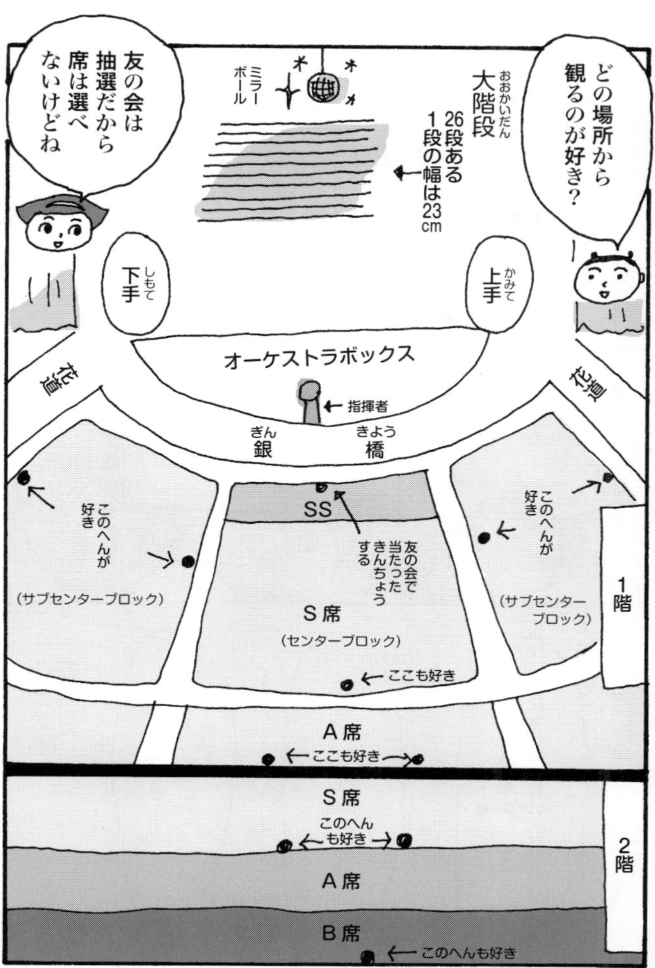

友の会は抽選だから席は選べないけどね
どの場所から観るのが好き？
ミラーボール
大階段《おおかいだん》
26段ある
1段の幅は23cm
下手《しもて》
上手《かみて》
オーケストラボックス
花道
花道
指揮者
銀《ぎん》橋《きょう》
このへんが好き
SS
友の会で当たったきんちょうする
このへんが好き
（サブセンターブロック）
S席
（センターブロック）
（サブセンターブロック）
1階
←ここも好き
A席
←ここも好き→
S席
このへんも好き
2階
A席
B席
←このへんも好き

＋東京宝塚劇場の 場合

この公演を観てた時

仕事でミスしておちこんでたなあ

とか

カゼでセキがでて困ったんだよなあ

とか

台風で電車が止まって焦ったなあ

とか

普段は忘れちゃってるけど
公演を観てあ、そうだったって思い出すことない？
ああ
私はスミレさんの退団公演を観ると号泣する
ああいう気持ちは二度と経験できないかもなって思うと泣けるの
私、時々タカラヅカと一緒に生きてるんだわーと思う
そーかもしれないねえ
あ、もしかしてジェンヌさんじゃない？
あ、ホントだ誰だろう

番外編

ツレと宝塚歌劇

こんにちは。細川貂々のパートナー、ツレです。一般的には「夫」と呼ばれるような立場です。さて、僕はかつて恋愛というものを経て、相棒と結婚している「男性」なわけなのですが、今や相棒は宝塚歌劇というものに夢中になってしまった。そういう場合、パートナーとしてはどういう態度を取ればいいいんだろうか？

ちょっと考えてみましょう。

態度その一、パートナーは珍奇な趣味にはまってしまったと考えて無視する。自分にも趣味の世界はあるし、それぞれが独立した大人なんだ、下手に口は出すまい。

態度その二、僕というものがありながら、別の存在に恋をするというのはケシカラン。たとえ相手が女であろうと、「理想の男」として恋をしているのだ。そしてその「少女漫画的かっこ良さ」は、しかし現実に男としていたら、軟弱で腹立たしいヤツのようにも思える。腹を立てて苦言を呈し、悪趣味だと言って妨害する。

態度その三、生活を共にする家族の趣味なので、無視したり嫌悪していると空気が悪くなる。ならば一緒に観察し、自分なりの楽しみを見つけて、一緒にはまってしまおう。

といった三つの対応が考えられると思います。これは宝塚歌劇だけじゃなくて、韓国ドラマとかジャニーズとか、あるいはアニメとかライトノベルとかいわゆる「イケメン」的なオーラが出ているもの全般に言えることかもしれないな。

で、まあ、うまくいっている家族全般に言えることかもしれないが、我が家では「その三」を選んでいるわけです。過渡的に「その一」だったり「その二」だった時代もなかったわけではない。

それで、家族の趣味なのでまあ仕方なく付き合っているうちに、僕のほうもそれなりに詳しくなってしまい、自分なりの楽しみ方もできるようになってきました。そんな「宝塚歌劇の世界」なのですが、好きになれる点というのを自分なりに挙げて

みよう。
もともと僕はクラシック音楽オタクで、特にオーケストラが大好きだったりします。宝塚歌劇はやっぱり「歌劇」なので、クラシック音楽のエッセンスがある。生の舞台を観に行けば、生のオーケストラが伴奏してくれます。宝塚歌劇オーケストラ。今も僕が好きで聴きに行っているオーケストラから、宝塚歌劇オーケストラに転職する人が年に一人二人いたりもする。

さらに、「こんなところが好き」というのを挙げてみるとしよう。「宝塚歌劇の欠点」として挙げられるのは、未熟なシナリオ、未熟な演技、歌唱などです。しばしば「あれは学芸会の延長だから」と言われたりもする。そうした学芸会臭さは今でも確かにある。それは確かに欠点なので、「そこが嫌い」と思ってしまうと嫌いになってしまう。しかし、ここで視点を変えて、未熟さこそ新鮮だと割り切ってみよう。
僕自身もかつて映画のサークルに属していて「自主映画」というものが大好きでありました。低予算でヘタクソな演技、ご都合主義な内容。そういうのも人間臭さだと思ってみると、それなりに悪くはありません。宝塚歌劇の場合、どことなくご当地出身の漫画の神様であるところの手塚治虫先生の「安っぽいヒューマニズム」みたいなものがつきまとっているときもあります。僕は手塚治虫先生も大好きなので、安っぽさには抵抗がないなあ。

　自分の記憶を辿《たど》って行くと、僕は大阪の中学校に通っていたのだが、中学の音楽の先生が、今思えばどっぷり浸かった宝塚歌劇ファンだったんじゃないか。「ミュージカル部」というものを作って、ドラマチックなものを披露していたりしました。友達がミュージカル部に所属していたな。中三のときは家庭に問題があって、ちょっとグレちゃったけど。さらにクラスメイトだった女の子が、宝塚音楽学校を受験するのだというのを聞いたこともありました。歌のうまい女の子でした。男役タイプではなく娘役タイプだったけど。受かったとは聞かなかったが、落ちたという話も聞いていない。あるいは翌年のチャンスにもトライしたかもしれません。……そんなことをツラツラ思います。

　そうだ、僕は中学時代の三年間を関西で過ごした、まがうことなき関西文化圏の出身者なのでした。すっかり忘れていたけど。

　そんな「我が家に一人宝塚歌劇のファンがいる」というような程度

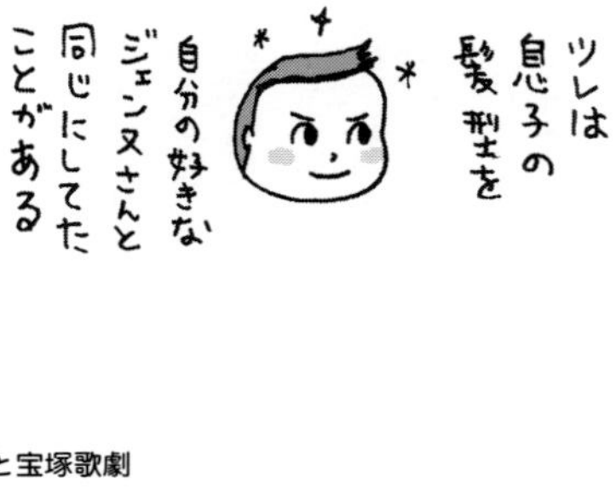
ツレは
息子の
髪型を
自分の好きな
ジェンヌさんと
同じにしてた
ことがある

のかかわりが、宝塚歌劇と僕との関係でしたが、東日本大震災後、相棒の希望もあって、千葉県から兵庫県宝塚市に居を移してしまいました。いわゆる、宝塚歌劇の聖地に引っ越してしまったわけなのです。

もちろん、大阪フィルというオーケストラを偏愛する僕にとっても、鉄道好きな息子にとっても、関西は「趣味を満喫する」のに良い環境なのですが。

この宝塚という土地に来ると、宝塚歌劇というのは、独特な立場を占めています。宝塚音楽学校があり、寮があり、研究科に研究生として所属する劇団員が、宝塚大劇場で公演を行っている。あるいは劇場内の建物で練習をしている。歌劇団の団員である「生徒さん」は、ほとんどは地元の出身ではなく、全国から受験して合格してきた人です。地元で一番重要な産業が、ほぼ外から来た人たちに委ねられているというのも特徴的です。もちろん関西の出身者が比較的多いようですが、おとぎの国のフェアリーとなるべく、関西弁を使わないように指導されているみたい。

たくさんの生徒さんたちが地元に滞在しているので、毎日外出すれば生徒さんを目にすることになります。ポスターに載っているようなビッグネームには滅多に会えないけど、しぶい脇役の組長さん副組長さん、専科の方々は名のある方でもしょっちゅう目にしてしまう。他の若手さんたちは、なかなか区別が難しいです。舞台に出ているときのお化粧が濃いので、素顔だとほぼわからない。でも、一般の人とは違うというのははっきりわかります。歩いている姿勢も違う。そんな人たちが銀行でお金を下ろしたり、スーパーで買い物をしたり、コンビニで送金したりしているのをしょっちゅう目にすることになります。宝塚というのはそんな町です。

そんな宝塚歌劇も、この原稿を書いている今年（2014年）、100周年を迎えました。100年前と言えば、東京圏では「浅草オペラ」が流行していた頃です。僕は以前、戦前のSPレコードを蒐集していた時期がありましたが、長唄や浪曲、落語や流行歌や童謡に混じって「浅草オペラ」と「宝塚歌劇」というのはレコード録音に関して一つの大きなカテゴリーを形成するほどの隆盛でした。浅草オペラは今では忘却の彼方に去ってしまったけど、宝塚歌劇はなぜか現役で残っていたりするのはすごい。もちろん、レコードで耳にする当時のものとは全く異なる進化を遂げているのですが。

相棒が夢中になった宝塚歌劇は、そんな伝統芸能で学芸会で地場産業でありつつも、常に若い人を吸収し、キラキラした少女漫画的

メガネ型オペラグラス「カブキグラス」というのをかけて観劇したら
へーこんなのあるんだ
手が自由
カイテキでした。

な幻想を保ち続け、世代を超えた幅広い層に支持されつつ、腐女子的マニアックな感性すら大切にする。そんなフシギな世界であり続けるのです。あまりに大きなドリームランドなので、その全体はつかみどころがない。

僕と宝塚歌劇の付き合いはまだ始まってまもないので、ちょっとずれた話ばかりになってしまったかもしれません。まだまだこれからなんだと思います。

望月　昭（ツレ）

あとがき

『タカラヅカが好きすぎて。』をお読みくださりありがとうございました。

この本を手に取ったということは、タカラヅカが好きだったり興味があったりする方なのでしょうか?

私は「タカラヅカが観てみたい」という人は積極的に観劇にお誘いしています。ネットで知り合って直接会ったことのない人ともタカラヅカ観劇をしています。

ほんのちょっとでも興味があるのだったら、この楽しさを共有したい、そして共有できる人が増えたらシアワセだなあと思うのです。

どこそこで待ち合わせをしてはじめて会う人との観劇はちょっとドキドキするのですが、同時に相手の方の「はじめてタカラヅカ観劇をするワクワク感」もとっても伝わってきて私の気持ちも盛り上がってきます。

あと「はじめてタカラヅカ観劇をした人の感想」を聞くのも楽しいです。最初はたいていトップスターさんくらいしか見分けがつかない人がほとんどなのですが、時々「真ん中じゃない右側にいた人がカッコよくて目が釘付けになった」なんて言う人もいて、「ああこの人はああいう人がタイプなのか」と興味深く思ったりします。
そんなふうにして私がお誘いした人が「また観たい」と言ってくれたりして、ポツポツと「観劇友達」が増えてきました。
私が一番最初に観劇に誘って、一番ハマってしまったのは親友のGちゃんです。
彼女はちゃんとご贔屓《ひいき》を見つけて最後まで見送って、さらに退団後の「女優デビュー公演」も観に行っていました。
二番目に誘った友達のIさんもハマりました。やっぱり自分のご贔屓を見つけてそのジェンヌさんのおっかけをしていましたが、現実に好きな男性ができたらタカラヅカから離れて行きました。
今まで何人も誘ってきましたが、ハマったのはこの二人だけでした。他の人たちは適度な距離のおつきあいをしてる感じです。
でも誰かが好きなものにハマって行く様子を隣で見てるのは爽快です。
「おお、そこまでするか！」の連続でどんどん深みにハマって行きます。面白いです。
だけどタカラヅカは「退団」という終わりがあるから深みにハマっても元の現実世界に戻ってこられるところが良いのだと思います。

美しい花が一番キレイな時にパッと散って終わる。そういう美しい様子を思い切り堪能してパッと終われるシアワセはなかなか世の中にはないような気がします。

物事はいつまでも同じままではいられない、だから一瞬一瞬が美しくて大切なのだということが、タカラヅカを観てるとよくわかります。

最後になりましたが「タカラヅカの本を作りませんか?」と言ってくださった竹村優子さん、いろいろ無理なことも言ってしまってすみませんでした。そして、ありがとうございました。

ステキなデザインをしてくださった幻冬舎デザイン室の赤治絵里さん、ありがとうございました。

宝塚歌劇100周年の年に宝塚歌劇の本を出すことができてシアワセです。

150周年にも本が出せたらうれしいな。

2014年4月　細川貂々

文庫版のあとがき

宝塚歌劇100周年の年に発売することができた『タカラヅカが好きすぎて。』がこのたび、文庫本になりました。単行本から4年近い歳月が経ったということになります。この4年の間にも、トップスターは次々と卒業し、すべての組でトップスターが代わりました。早い組では2回のサヨナラ公演があったところもあります。

組の頂点に立つトップスターは、そのサヨナラ公演に自分の持てる力をすべて注ぎ込み、大きな輝きを放って卒業して行きます。そのせいもあって、次のトップスターとなる人が頼りなくて「だいじょうぶかな」と思ったりもするのですが、次のトップスターもすぐに成長して、サヨナラ公演を迎える頃には唯一無二、不世出のトップスターに思えてくるから不思議なものです。そういう、人間の持つ可能性と成長の輝きを目に見えるものにしてくれる、タカラヅカというシステムはやっぱりすごい、と思います。

今も私は、大劇場にしょっちゅう通っています。なるべく全部の組をバランス良く観たいと思うので、とくに誰かのファンになることはしていないのですが、どうしても気になる人が出てきます。最近はトップスターばかりでなく、歌劇の世界を下で支え、自分の役割を一生懸命演じながら成長していく若手の方に着目することが多くなってきました。あとは、自分が作り手だからでしょうか。演出家や脚本家の先生にも注目するようになりました。いい脚本だと何回でも同じ世界を体験したくなるものです。親友のGちゃんもあいかわらずタカラヅカにハマっていて、関西までたびたび来てくれるので一緒に観劇しています。単行本のあとがきでは、二人のことだけを書きましたが、その後、他の方もたびたびお誘いしていたところ、何人かハマってくれて、なかにはファンクラブの活動を積極的に支えるようになったお友だちもいます。

ツレがあとがきで書いていた「歌のうまい同級生がタカラヅカを受験した」という話にも後日談があります。ツレが卒業した中学校の同窓会に出席したところ、その人は二回目の受験で合格して、その後出世して娘役のトップスターになっていたことが判明しました。雪組トップ娘役だった神奈美帆《かんなみほ》さんがその人で、ツレは中学卒業と同時に関西を離れてしまったので気が付かなかったけど、関西の銀行のポスターにも登場していたので、誰でも知っていることだったそうです。ツレもその後、たびたび観劇をしていて、ついに一人でふらっと「当日券」を買って観てくるほどになりました。

また、私が「はじめてタカラヅカ観劇をした人の感想」が好きでいろいろお誘いすると書いたところ、朝日新聞がこのことを面白がってくださり、全国版の紙面に掲載されたりもしました。そういう「普及活動」が功を奏したというわけでもないのですが、宝塚市の大使として活動してくれないかというお誘いを自治体よりいただき、2017年11月より「宝塚市大使」として活動をしています。著作のほうでも、宝塚歌劇100年の歴史を漫画として綴った『タカラヅカ　夢の時間紀行』という本を執筆し、亜紀書房より単行本として出版いたしました。この本と併せてお楽しみいただければ幸いです。

細川貂々

この作品は二〇一四年四月小社より刊行されたものです。

幻冬舎文庫

●好評既刊
ツレがうつになりまして。
細川貂々

ツレがある日、「死にたい」とつぶやいた。激務とストレスでうつ病になってしまったのだ。病気と闘う夫を愛とユーモアで支える日々を描き、大ベストセラーとなった感動の純愛コミックエッセイ。

●好評既刊
その後のツレがうつになりまして。
細川貂々

うつ病になったツレは三年間の闘病生活を妻とともに乗り越え、元気になった。ふたりはどうやって病気を受け入れたのか。うつ病後の日々を描く大ベストセラーの純愛コミックエッセイ第二弾。

●好評既刊
7年目のツレがうつになりまして。
細川貂々

7年前、夫がうつ病を発症した。闘病生活を送る夫と仕事に本気を出す妻。ゆっくりと、だけど大きく変化した夫婦は、「人生、上を目指さない」というモットーにたどりつく。シリーズ完結編。

●好評既刊
本当はずっとヤセたくて。
自分のために、できること
細川貂々

鏡の中には、二重あごのデブがいた！　40歳を目前に、本気ダイエットを決心。結果はマイナス12キロ。自分のだらしなさと無頓着さを克服した、赤裸々で体当たりなダイエットの記録。

●好評既刊
ちゃんとキレイにヤセたくて。
細川貂々

40歳目前にマイナス12キロのダイエットに成功！　なのに、カラダはぶよぶよのまま。そこで取り組んだ、筋トレと食事改善。何歳からでも効果は出る！　説得力抜群のダイエットコミックエッセイ。

幻冬舎文庫

●最新刊
まっすぐ前　そして遠くにあるもの
銀色夏生

「今日は何かひとつ、初めてのことをしてみよう」「夢のように見えていた　けれどもどれも夢じゃなかった」「今日の中の　よかったことを覚えておこう」春夏秋冬の日々の、写真と言葉の記録。

●最新刊
30と40のあいだ
瀧波ユカリ

「どうにかこうにか、キラキラしたい」アラサー時代に書いた自意識と美意識と自己愛にまつわるあれこれに、「目標は現状維持」のアラフォーの今の気持ちを添えて見えてきた「女の人生の行き方」。

●最新刊
それでも猫は出かけていく
ハルノ宵子

いつでも猫が自由に出入りできるよう開放され、常時十数匹が出入りする吉本家。そこに集う猫と人の、しなやかでしたたかな交流を描く、ハードボイルドで笑って沁みる、名猫エッセイ。

●最新刊
僕の姉ちゃん
益田ミリ

みんなの味方、ベテランOL姉ちゃんが、新米サラリーマンの弟を前に繰り広げるぶっちゃけトークは恋と人生の本音満載、共感度120%。雑誌「an・an」の人気連載漫画、待望の文庫化。

●最新刊
40歳になったことだし
森下えみこ

40歳、独身、ひとり暮らし。以前より焦らなくなってきた気がする今日この頃。そんなある日、ふとした思いつきで東京に住むことに――。マイペースに人生を歩む様を描いた傑作エッセイ漫画。

タカラヅカが好《す》きすぎて。

細川貂々《ほそかわてんてん》

平成30年2月10日　初版発行

発行人———石原正康
編集人———袖山満一子
発行所———株式会社幻冬舎
〒151-0051東京都渋谷区千駄ヶ谷4-9-7
電話　03(5411)6222(営業)
　　　03(5411)6211(編集)
　　振替00120-8-767643
印刷・製本—株式会社 光邦
装丁者———高橋雅之

幻冬舎文庫

ISBN978-4-344-42704-4　C0195　　ほ-5-9